蔡惠芳 社會工作師 著
諮商心理師

當父母老後……
兒女面臨高齡長輩

老、衰、病、死 的情緒困頓與出口

「面對父母變老這件事，
你準備好了嗎？」

無憂老後，
寫給中年兒女的陪伴之書。

Contents

Chapter ① 1+1 ≠ 2
家庭也有界限？

Chapter ② 日常內外
變老的家，傾斜漏水的屋頂

Contents

Chapter 5 生生不息
那些打我不倒的，將使我更堅強

推薦序一

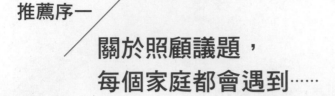

關於照顧議題，
每個家庭都會遇到……

中華民國家庭照顧者關懷總會理事長　郭慈安

身為五年級生，這幾年來常常會接到小時候的同學來電，討論父母開始衰老或是罹病照顧的挑戰。

「慈安，我父親變得不愛說話，幾乎不想出門，怎麼辦？以前都不會這樣。」

「慈安，是請外籍看護比較好還是送機構？」

「慈安，失智會這樣嗎？我媽媽對我哥哥都不會這樣，但看到我就一直發脾氣。以前她最喜歡我的……。」

在實務界，我每年幫忙帶領「家庭照顧者支持團體」，常常聽到照顧者面對失智症家人身心的煎熬：有照顧失智父親的兒子，父親會把自己的大便亂塗；有照顧失智母親的女兒，每天收拾媽媽外出撿不該撿回來的丟棄便當；有剛出社會，人生正要啟航的青年，被迫放棄工作照顧五十二歲中風的父親；有人好不容易帶父母出遊，卻遇到過去優雅的母親，因失智的關係在大庭廣眾之下做不雅的動作。

　　台灣人口老化，照顧者也跟著老化或單一化。依照中華民國家庭照顧者關懷總會的調查，每位照顧者平均照顧九・九年；當家中有人住院時，將近百分之九十的照顧者生活步調和工作安排會受影響。針對平常有工作的人口，至少也有百分之二十五的上班族家中有人需要照顧，有些甚至為了照顧而離職。

　　所以，在人口快速老化的同時，一般大眾尚未察覺到每個家庭幾乎都會遇到照顧的議題，因此需要準備。但是，因為未能了解照顧的歷程與情緒，往往家庭成員會選擇：「等到遇到再說，沒事幹嘛要討論。」

　　面對父母的老化，有些子女住得比較遠，有些忙碌於自己的工作、家庭、生活，平常與父母的對話大都流於寒暄問暖，沒能察覺到細微的變化。

　　但是這些微小的差別，有時是身體，有時是心情，有時是人際關係，慢慢累積改變中。同時，周邊大部分的醫療和長照專業人員，也鮮少跟家庭討論長達九・九年的照顧歷程，如照顧安排與分工、資源和家產盤點、家庭關係與溝通等，要怎麼做？誰做？誰決定？誰負責？

　　一個人出生來到這個世界，不大會想當照顧者，但每個人卻有很高的機率成為照顧者。很感謝這本書的作者──蔡惠芳社工師（也是我兒時一起度過甜蜜時光的好朋友），她

溫暖、接地氣的方式寫下不同的照顧情境。更感佩的是,惠芳累積多年的經驗,以淺顯易懂的文字寫出讓我們可以試著學習、練習的方法。

照顧沒有一定的公式,但這本書提供了一個讓我們可以安心閱讀、體會反思的機會,重新回顧與家人的關係,如何改寫新的人生劇本。

推薦序二

父母老後，
需要的是「愛、連結與修復」

中華民國醫務社會工作協會理事長　溫信學

　　當長命百歲成為多數人都可能達到的生命境界時，衍生的照顧需求、家人關係、經濟資源、時間調配與人性尊嚴，無一不撥動你我心弦。

　　作者以第一手深入服務家庭視角，真實紀錄與剖析當老之將至時，中年子女和年老爸媽間面臨的各種狀況。尤其讀到「沒有盡頭的馬拉松──心力交瘁的陪伴之路」這一章，更是把中年子女的心情與矛盾娓娓道來，不是不想當孝子，實在是心力耗竭；不是不願意付出，實在是金錢時間不足；不是不想說出口，就怕說出口傷了人。真的去扛、去承擔，又得要放掉或妥協自己的人生計劃，人生真難啊！

　　但在突顯困境後，作者以社工師與諮商心理師雙專家角度，提供如何調適及修復的具體策略，讓已進入高齡人生長者，能理解中年孩子的處境，讓邁入三明治人生的中年人，更能順遂營造新的家人關係，讓年輕世代可以適時參與中年

爸媽與爺奶間的共處之道。

當父母老後，需要的是「愛、連結與修復」，親情之愛是需要彼此真誠付出、用心對待，照顧年老父母無需一味以責任做為愛的框梏，添加點人性體貼與體諒，少點計較與爭執，自然就會連結起家庭力量。

人生故事總有不同面貌，有人可以圓滿人生，有的則是抱憾而去，無論人生結局為何，作者帶出最重要的觀點——復原。復原力可以強化家人關係韌力，在疲憊的照護壓力之後，仍然有力量、有方向可以繼續開拓自我人生。

這是一本完全貼近老化人生，描繪人性在付出、關懷、責任與壓力交融下的照顧糾葛情懷。作者以二十年臨床經驗，揭開長壽社會下，你我都將面對的情景與態度，不說教卻深具啟發性，值得您細細品味。

推薦序三

對於父母逐漸老化的
重要提醒與學習

台灣安寧緩和醫學學會理事長　蔡兆勳

看了這本書，讓我不禁潸然淚下！

因為這個世界上最愛我的父親，就在去年六月四日毫無預警地倒下來，從此再也沒有機會跟他說話了！剛歷經喪父之痛，由我來分享「當父母老後」的想法，應該是最真實的經驗了。

一個人從出生就開始走向死亡，生老病死幾乎是每一個人必然的過程。但是，我們經常沒有仔細思考如何規劃面對死亡的問題。

大多數人從出生開始都是受到父母的生育、養育、教育之恩，當我們成家立業之後，經常因為家庭事業兩頭燒，而忽略我們摯愛的雙親已經逐漸老化，特別當我們的雙親即將面對死亡的關鍵時刻，經常讓我們措手不及，甚至在雙親過世之後讓我們遺憾終生，就是因為我們沒有準備好。

古諺說得好：「樹欲靜而風不止，子欲養而親不待也。」

為了避免種種的遺憾，在繁忙的生活中，更應當注意到我們摯愛的雙親已逐漸老化，應提早做準備，那麼需要做什麼準備呢？

本書《當父母老後……兒女面臨高齡長輩老、衰、病、死的情緒困頓與出口》，作者以她豐富的臨床經驗，仔細地提醒我們應該注意的重要事項，諸如緩解各種情緒、化解衝突、重建關係等均刻劃入微。

其實父母深愛自己的子女，經常不希望增加子女的負擔，他們所要的不多，他們希望子女平安健康、家庭幸福美滿、事業順利成功。

相對地，他們內心也期待子女的了解、關心和陪伴，特別遇到我們與摯愛的雙親生離死別時，更要把握最後相聚的時刻，珍惜當下，對雙親展開「四道人生」的習題——對不起、謝謝你、我愛你、再見，以免終生遺憾。

根據世界衛生組織對安寧緩和醫療的說明，清楚地指出受生命威脅的病人及家屬都是我們醫療照護的對象，一點都沒有錯！甚至病人過世之後，家屬的悲傷撫慰更是重要。

這是一本適合一般民眾學習面對父母衰老死亡，以及學習人生下半場的重要指南，同時也是臨床醫療人員不可或缺的參考作品。誠摯推薦給大家這本值得仔細閱讀的好書。

自序
下半場人生，
寫給中年兒女的陪伴之書

這是一本寫給兒女面對父母老衰病死歷程中的情緒因應陪伴之書。

面對紛擾難解的情緒歷程，與其講如何「因應」，倒不如先談如何「看見」？可以用什麼「視角」帶我們進入角色之中，於是老衰病死的糾結不再只是個人的事，而是拉高到一個家庭層級！

日常無常，因長輩生病拉大衝突

當父母長輩需要有人協助的時候，有時候了女自己都自顧不暇，更多的是子女本身生活都很困難，怎麼還有時間、餘力照顧老人家？這些都是兒女面對長輩老去時的問題，不同族群、不同階段真實遇到的狀況，有些可能是溝通、適應的問題，有些則是疾病、臨終的問題。

當兒女可以重新審視自己，再次看見與家庭之間的關係，理解到個人和家庭之間永遠處於變動的狀態，如同隨著家庭週期的進展，有依附、有遠離，然後重新建立另外一個關係

的過程，這就是「日常」，但是「**日常也是無常**」，每天都在變動之中，這個變動也塑造了我們的人生。

有些人可能會感慨，以前多麼的美好，家人之間都住在一起，爸媽生病可以自己去看醫生，但現在當爸媽生病需要有人陪他去看醫生的時候，誰要陪他去？這將是另一個課題。

有些人會想說：「我那麼忙，正在趕案子，既然大姊是家庭主婦，大姊去就好啦？」但大姊可能會說：「不行啊，我晚上要幹嘛幹嘛。」、「你不是最愛爸爸媽媽嗎？」、「爸爸媽媽是我一個人的嗎？」這時問題就來了，有些人會開始懷疑，原來家人的感情、關係在這當中，就會產生拉扯，拉大了衝突與對立。

然而，我們不用過度悲觀，因為這都是過程中必經的一番轉換，大家慢慢隨著時間的調適之下，開始發現這件事必須納入自己的日常規劃，才能繼續相安無事過日子，這時就有了契機。

有時兒女也會面臨照顧模式的轉變，也許過去父母會講：「當年我是怎麼照顧我媽媽……。」可是以前可能沒有那麼多輔具可以幫忙，或是以前醫療並沒有那麼多選擇，早年家中對於年老者的照顧模式，可能就在家裡的一樓客廳安排一個小房間，讓年老者出入方便。

如今的照顧模式不再一樣，很多照顧場景是在醫院或機

構裡面，如果仍選擇在家中，也要有在家裡的條件，聘請看護外傭，或是一個專職的照顧者，自然又會牽扯到照顧互動的問題，不管是照顧者或被照顧者，每個家庭成員與角色都需要被好好對待。

久病床前無孝子？原來是沉重的無奈

步調快速的現代社會中，大家都得面對來自各方面的壓力，例如職場上、人際上及家庭上。看到一個問題就馬上解決它，是最好最有效的方式，可是人生不是只是這樣一回事，走得太匆忙，然後呢？

想想看參加過的告別式，有人透過追思影片，細數往生者過去的點點滴滴，幾秒鐘人的一生就這樣匆匆過去了。但是當事者、家屬，他們的感傷在每一幕當中，帶動出所有情緒和感傷的東西，絕對不是像是問題解答式的——解答 A 或解答 B，就能夠一筆勾銷，雲淡風輕而過，當中每一個回憶，都是他們千錘百鍊的生活經歷。

過去人家常說：「久病床前無孝子！」子女要從眾多輕易的指責中取得饒恕，可說是一件非常困難的事情，他們的內心有著許多掙扎和曲折，不斷地衝擊，往往他們也無從說起、無力爭辯。

正因為**照顧是一條漫長的路途**，一路走到中期，當身心靈的力量消耗殆盡，可能會演變成無力、沮喪，甚至是憤怒，

因此湧上乾脆全然放棄的想法，這是相當複雜微妙的心情。

然而，旁人只是覺得，長輩病了那麼久，小孩好像慢慢變得不理不睬，甚至疏於照顧了，可是當我們轉頭看那個兒女——他自己也累了，就會發現到疲憊的神情、緊繃的情緒，猶如一根繃緊的弦隨時會斷裂一般。

站在中年的分界上，不只要承接父母老去的種種問題，還要照顧到自己慢慢老去的事實，是否時常感到蠟燭兩頭燒的窘迫？

這本書想與你作伴，不只寫出照顧過程可能會遇到的種種情況，還有如何從照顧相處中，面對不可逆的歷程，好好把至親送走，好好把自己的生活帶回來，**讓你知道並非只有一個人在面對**。

希望能透過分享一些想法、一些視角，在情緒困頓之中找到能夠自在旋身的空間，迎接屬於自己美好的下半場人生！

認清父母變老這件事，
你準備好了嗎？

我們認識了太陽和月亮

體驗了颱風和下雨

我們學會跳舞

學會開懷大笑

然後我們才會死亡

——《一片葉子落下來》（The Fall of Freddie the Leaf）

　　步入中年，人生的意義接踵而至，過去為了事業、為了
生活的衝刺打拼，終於看到了一點累積，此時稍微停下腳步，
才驚覺父母在不經意之間已經快速老去，突然意識到「老化」
這件事，如同鏡子一般，也在自己的身心上顯現出來。

不知老之將至，原來老已圍繞身邊

　　身為中年兒女，往往覺得爸媽身體情況都還算不錯，可
能只有一點血糖、心臟等慢性疾病，頂多關節有些不太靈活，
整體上還能夠自理，不管是外出走動或是定期到醫院看病、

拿藥，都沒有太大的問題。

只是有一天，老人家看完門診之後，不知道怎麼回家了？醫護人員們協助七拼八湊、翻找身上的證件，終於找到了資訊，於是打電話給小孩。

「喔，你叫他自己回家，他可以的！」小孩接起電話理所當然地回答。然而，實情卻是他的定向功能已經開始變差了。

關於老人家變老這件事，就好比自己每天看著鏡子不覺得自己變老，但如果對照半年前的自己，可能就會發現那時候跟現在長得真的不太一樣！

老人家其實慢慢變老著，外在功能上也有一些算不上太嚴重的退化情況，就算拄著拐杖，也還是一樣外出當志工，一樣到長青社上課，但是這時候的他們不太一樣了，內在對事物的理解不對了、反應不對了，行動也不對了。

當外人看見的時候，會覺得這個老人家需要幫助，但是自己的子女往往看不出來，並不是故意不理會，而是天天相處比較難以察覺，不知父母老之將至！

老人家的衰老不容易被察覺，直到有一天，因為疾病的關係才被發現。

可是，在他們衰老的過程中，子女一開始往往覺得應該沒問題，遇到認知能力開始退化了，可能會覺得反應慢是正常的狀態，可是如果仔細地觀察，就會發覺並不一樣。

「當他反應比較慢的時候，你知道他是在變老嗎？」

當你認為只是反應慢，往往這個時候正是他們處在「變老進行式」，所以很多子女跟長輩之間的衝突，正是來自於子女期待長輩的功能還能跟以前一樣，結果卻變成指責與埋怨：「我跟你講什麼，你怎麼都聽嘸！算了算了！」

反過來說，當老人家發現自己反應變得比較慢的時候，並不會向子女承認自己的變老狀態，因為老人家也有自己的自尊，他們傾向覺得這一次也許只是不小心、老糊塗，閃避自己已然衰老的事實。

照顧與被照顧——中年兒女 VS. 老年父母

再說到「老」這件事，當父母或長輩們面對——生活獨立、生活自主，以及生命失落經驗等情況時，開始需要兒女或晚輩進一步協助、支撐，才會聽到他們感慨自己老了、不中用了。

對於如此的感慨，一開始容易被當成無病呻吟，還可能影響到彼此的互動關係，往往等到時間久了，或某一事件發生了，這個「老」的需求，才會被認真的正視與對待。

當兒女們察覺並認清，父母正走向老衰的路途時，就可以真正有所作為。

此時，身為兒女的你，開始學習面對長輩成為自己的照顧責任，面臨到自己必須去「承接」的狀態，

　　承接，可以說是一種角色功能的轉換，這裡試著從家庭的視角出發，來談中年兒女面對父母或需要被照顧的長輩，如何為他們的「老衰死」預做準備。

　　從照顧者角色來說，有些照顧者可能才十幾、二十歲，因為面臨長輩的健康不佳，就開始承接照顧者的角色了；更多是父母九十幾歲，兒女也都六十幾、七十幾歲了，以一般年齡概念區分，可能會說這些兒女算是老年了，但是以現在社會概念來講，七十歲相對還是年輕的狀態。

　　事實上，世界衛生組織也對老年人提出新的劃分標準，把四十四歲以下稱為「青年人」，四十五到五十九歲稱為「中年人」，六十到七十四歲稱作「年輕的老年人」，七十五歲以上才稱為「老年人」。

　　所以，這裡說的「兒女」其實不一定是概念上的二、三十歲，或三、四十歲的年紀，而是兒女在面對長輩需要被照顧時，所碰到的人生階段，該如何因應與面對。

　　因此，**這本書的主題立意與核心，主要針對各種年齡層的兒女，在面對父母及長輩——老、衰、病、死的過程**，他們可能會發生的情緒、糾結、困頓等各種衝突，希望能夠透過這本書，**可以有不同的視角看待整個過程**，透過自己的脈絡整理而產生出的力量，從中找到一個方向和解決的想法。

老衰後的另個課題，死亡的準備

過去和父母或長輩談到「死」這件事，可說是很大的禁忌，被視為是詛咒或不孝。

隨著近年來，生命議題逐漸被社會大眾討論，國家的健康政策亦推動安寧療護及《病人自主權利法》等，讓我們有更好的時機與資源準備及學習「死亡」課題。

當兒女尚在未成年時，遇到家庭裡的死亡事件，會有其他資源系統加入支持，但當他們邁入成年的時候，就被期待要開始承接，然而親人的死亡事件無法確定會在哪個生命階段發生，有的時候可能在青少年階段，也可能在青年期、青年晚期，甚至在老年期的時候。

生命的歷程中，不一定要趕快尋求解答，在很多困惑突破之後，我們可以重新看見當下發生的事情，在沉澱、整理當中，摸索出來的體會、想法或視角，就會成為自己的歷練。只是在事件發生的當下，需要被理解、被陪伴。

特別是照顧陪病，一路到臨終時刻，常常混雜著擔心、焦慮、期待及不確定的煎熬，看見父母在生病受苦的過程當中，身體需要忍受病痛，卻戴著氧氣罩、呼吸困難而無法言語，身為兒女這才深刻體會到什麼是「椎心之痛」，這種心情如何能解？

以前的我們可能聽不懂「椎心之痛」，等到有一天，自

已必須面對人生的那個段落，突然就全明白了，甚至因為一句切身的關心，讓人感覺並不孤單，或是讀到類似的情緒感受，感到自己的心情被接住了，而能不再繼續往下墜落，正是本書的初衷。

因此，面對長輩的老、衰、病、死，兒女們彷彿從這段歷程中，除了透過陪伴和理解，給予父母更大的照顧與關愛，更從中預先看見自己可能的未來，若是發生這樣的情況可以有哪些因應之道，**照顧長輩生活起居之餘，還能顧及自己與家庭成員之間的情緒。**

「你不是一個人！」這本陪伴之書，希望能帶給全天下的兒女們，一股溫暖的力量，在陪長輩變老的這條路上考驗不少，但有所理解、有所準備，可以讓彼此都不再害怕，安然共賞最後的夕照風景！

Chapter

1

1+1 ≠ 2
家庭也有界限？

從了解家庭週期、系統，進而發覺家庭成員開始老化，角色及權力的轉移與變動／變質，界限時隱時現，慢慢察覺到家庭的氛圍，也展現不同的姿態，時而緊張、時而溫馨……。

當父母開始老去……
那些說來就來的家庭課題！

　　當父母慢慢走向高齡的時候，自然就會出現照顧的課題，經濟上也需要開始提供支援，不管父母長輩有沒有因應之道，身為兒女就需要承接住這個部分，發生的當下，突然說來就來，絲毫沒有商量的餘地……。

　　整個社會可以看作是一個大系統，家庭是其中的一種系統，而系統裡面最小的單位則是個人。

生命是一個週期，父母的老化也在週期中！

　　大抵而言，每一個人都不是獨立存在於這個世界，個人往外擴展的第一層次就是家庭，其中包括手足、父母、親友，第二個層次可能是朋友、工作、人際社交，再往外擴展就是整個社會網絡，包括日常生活，銀行、逛街、就醫等商業互動行為，更深層的概念則是文化、風俗、禮節的薰染與規範。

　　如果把個人與外圍視為一種系統觀念，其實正是一層一層往外擴展的樣貌，所以才說社會是一個網絡，我們身處網絡之中，穿梭系統跟系統間，每個人就是當中的細小環節。

　　置身於家庭系統中的人，每個階段有自己的週期性任務，而且隨著子女成長，父母自然相對也會變老，變老之後，就有个同階段的調整和改變。

　　生命是一個延續性的經驗，沒辦法從中切割，也無法停留在某個狀況太久，因為它仍會繼續向前走下去。

　　當父母慢慢走向高齡的時候，自然就會出現照顧的課題，像是陪病、生活起居，經濟上也需要開始提供支援，不管父母長輩有沒有準備或因應之道，身為兒女就需要承接住這個部分，發生的當下，說來就來，絲毫沒有商量的餘地。

　　因此，評估家庭系統的好與壞，界限、關係和品質並非

絕對的呈現，在整個家庭系統當中，若是能夠運作妥善，品質自然會好，運作得不好，品質可能就會出問題。

面對長輩的老、衰、病、死，若從整個家庭結構來看，此時家庭就如同一個螺旋狀的轉變，實質上並沒有崩解，只是一種生活樣態的轉換。

因為家庭具有韌性，經由好幾代的傳承才來到這一代，不管這一代過得好與不好，還是會延續下來，如此一代一代的開展，就如同生命週期一般。

1+1 ≠ 2，家庭次系統拿捏與彈性

一般對於家庭的概念，通常起源於一對年輕夫妻，這對夫妻即便還沒有小孩，都不再只有兩個人的相處事務而已，而要考慮到兩個家族。

當他們開始有了小孩時，就會形成更多的線性關係。好比說，家庭裡面有父母、兄弟姊妹，但是有些話你只會跟爸爸說、有些話只會對媽媽說，有些話則是爸爸和媽媽彼此會談，關係與關係間的互動，就變成一種互動的系統。

在家庭的整體概念下，家庭自然有權力互動的關係，這些關係間的權力互動也會形成所謂的「**次系統概念**」，**比方說父母是一個次系統、親子是一個次系統、小孩自己也有一個次系統。**

家庭裡會有數個次系統，每個次系統會有自己運作的界

限，然而家庭次系統之間的界限如果太過於清楚，反而會減弱整個家庭的互動與凝聚力，但是次系統若是不夠清楚也是一件好事，正因當中的力量展現並非如此絕對，只能說「1+1並不等於2」。

◆過於清楚的界限，造成兩代鴻溝

舉例來說，如果現在有一對父母年紀在六、七十歲左右，此時孩子可能已經三十幾歲了，這個家庭屬於比較權威型的家庭，所以父母儘管年老，還是家中的主要決策者，也不太會與兒女討論。

兒女因為持續受到父母的照顧之下，對於父母的事情卻一無所知，直到父母生病之後，兒女突然慌了，明明是成年人，可是都沒辦法做出決定。某部分在於父母次系統的界限太過清楚，導致父母所有的決策、互動，兒女都不甚瞭解，形成兒女只需聽從安排就好。

◆混淆不明的界限，造成角色被邊緣化

另一種系統的互動造成其中一方被邊緣化，比如說，父母兩人原本會一起商量家中發生的重大事件，子女可能比較年輕，還沒有足夠大到可以參與討論。

可是父母覺得子女貼心懂事，加上夫妻間的溝通不是那麼順暢，於是父母各自找了子女，訴苦也好，討論事情也罷，久而久之，夫妻一方在家庭互動中的角色就無形被邊緣化了，

彼此之間角色界定不夠清楚的時候，就容易混淆了互動系統中的界限。

◆ 一方缺席，造成角色落差影響和諧

還有一種情況，當父母一方在家中缺席導致關係失落，例如爸爸可能過世了，家裡面只剩下母子，長子如父，這個小孩子就容易去承接爸爸對家庭的照顧責任。

可是，他其實還只是個小孩，當他在某些時候被當作家裡支柱，這樣的角色界限就會讓他有些混淆。他當然知道自己還是兒子的角色，可是在很多事情的處理上就會過度承接父親角色的權力，演變成「我說了算」。

等到兒子年紀更大的時候，經過這幾年的歲月累積，自然而然就會覺得自己就是一家之主，可是他忘了在做決策時，如果忽略了對母親意見的尊重，就可能影響了家庭互動的和諧。

這種狀況會演變成一種情形，「我說了算」這件事，如果母子關係融洽的時候就沒問題，假使母子關係不好時，這個母親在家中就會不受尊重、沒有被照顧，因為兒子覺得「反正我說的就是決議，妳聽我的就好」！

但是，人生智慧和歷練畢竟不同，因為家庭次系統的拿捏失準，將造成往後在長輩生病時，爆發出更大的衝突。

單親家庭的子女在成長的過程中，會有很多機會看見單親父母的辛勞，如果子女的體貼想多所承擔家裡的事務，便

是單親父母最大的安慰。

父母可以試著肯定子女的心意，在考量承擔能力下，用分派家務或者承接責任的方式，讓子女學習家人間的互相扶持及尊重。

當中要留意子女在互動間是否會出現過度發號施令的情形，以避免影響家庭的融合。

喘息咖啡館，和你談談心

家庭也有動力學？

當我們討論家庭的內涵，其實就是「家庭動力」，家庭動力本來就有一個「1+1 ≠ 2」的概念，因為家庭本身並沒有一個絕對的標準或是非對錯，並非如此絕對、具有邏輯性。

家庭也是具有生命，就像是一個螺旋狀的呈現，一代、一代的循環下去，當中又會因為社會的變遷，而在歷程上有所不同，比如說當我們這一代長大之後，生活和生命的面貌一定和當年父母在此階段的經歷不同，因此很多事情在事件過後再次回過頭看，也會有不同的風景與感受。

02/

你的，我的……
家中隱藏的互動關係！

　　每個家庭裡都有隱而不宣的觀念、習慣，或者說是潛規則。

　　往往這些規則在某些家庭互動的情境下，便是需要澄清與溝通的面向……。

家庭是從一對新婚夫妻開始形成的，新婚有新婚階段的家庭任務，這階段的任務指的是學習新的家庭角色。

家中潛規則，燉雞湯去頭去尾？

你成為我的先生，我成為你的太太，就是一種角色的學習。

然後，因為你的家族有你的家族規則，我便學會在你的家族裡面運作我的角色，比如說，逢年過節一定要祭拜祖先、習俗一定要吃什麼、忌諱什麼，都屬於家庭規則，然而這些多半是隱晦不顯的事情，沒有白紙黑字清楚寫下來。唯有透過摸索、嘗試和修正，才能慢慢的整理出一套身為好媳婦、好女婿的個人心得。

有一個故事，一對新婚夫妻，老公看老婆燉雞湯的方式，竟然和他小時候看母親的方式不盡相同，於是糾正她：「我媽媽煮雞湯一定把雞頭、雞尾剁掉，為什麼妳卻沒有這樣做？」後來才知道，以前家裡鍋子比較小，整隻雞塞不進去，所以媽媽乾脆把雞頭、雞尾剁掉。因為從小就看著媽媽這樣煮，就認為燉雞湯只要取中間那一段。

諸如此類的生活小事，常常是引爆爭執的導火線，每個家庭都會有類似的小故事，其實就是家庭裡隱而不宣的觀念、習慣，或者說是潛規則，往往這些規則在某些家庭互動的情境下，便是需要澄清與溝通的面向。

所以在這個階段，彼此學習怎麼扮演好自己的身分，進

而了解對方的家庭潛規則。在此階段,如果適應困難,常常就會聽到衍生出所謂的婆媳問題,兒子置身其中,只好扮演三明治的角色。

本來只是夫妻間的一件小事,但不斷推衍開來,媽媽可能也會加進來攪局,捍衛身為婆婆的權威,認為指導媳婦是她的天職,此時兒子就容易卡在中間。

此外,就算婆媳不同住,還是會有一些紛紛擾擾的事情,有時處理不好,最後都可能演變成一發不可收拾的家庭革命。

成為父母,小孩由誰帶?

家庭週期隨時間不斷進展,因年輕夫妻的小孩出生了,接續走到下一個階段。

小孩出生,爺爺奶奶相當高興,但年輕父母就需要面對照顧小孩的責任。這個時候開始出現另外一個課題,他們要學會當爸媽,不再只是兩個人,或是與公公婆婆、岳父岳母的互動問題,而是兩個人要開始成為爸媽。

新手爸媽會出現的問題,包含:尿布誰要換?ㄋㄟㄋㄟ誰要餵?洗澡誰要洗?家事怎麼辦?當夜色低垂的時候,爸爸也許會說:「我上班很累、很辛苦,難道就不能讓我好好睡覺嗎?」媽媽可能回應:「你辛苦,我就不辛苦嗎?孩子是我一個人的嗎?」於是兩個就在互動協調中,開始了角色的運作與分配。

　　所以，此時問題就變成「怎麼學習當一個爸媽？」另外，公公婆婆此時可能也出現了，大聲嚷嚷著：「孫子，讓我來幫你們帶？」夫妻可能會有不同意見：「不要。」那麼又將引爆另一波衝突。

　　或者是婆婆可能會說：「小朋友出門要怎樣怎樣……。」媳婦會說：「不用啊，醫生、育兒手冊說怎樣就好啦！」婆婆一陣怒氣飆上來：「妳心愛的老公也是我這樣帶大的啊！」演變成另一種互動角力。

　　這個階段，年輕夫妻學習當個稱職爸媽的過程，儘管可能手忙腳亂，歷經第一胎、第二胎的摸索形塑後慢慢有了心得，經常可以聽到：「第一胎照書養，第二胎照豬養。」描述的正是年輕夫妻有著年幼孩子的時期，學習為人父母角色的心情寫照。

小孩持續長大，父母逐漸老去……

　　當小孩子長到了上學的年紀，爸媽可以開始比較讓孩子有個人的空間，也不用半夜起來照顧，就會開始面對的是小孩子一邊長大，一邊有自己的意見，只是這個意見還沒有大到可以影響家庭的決策，然而家庭活動幾乎依著小朋友的需求前進，例如：兒童樂園、動物園、學校的功課等，整個家庭氛圍及重心都跑到了孩子身上。

　　此時，爺爺奶奶的影響力可能變得比較小，因為夫妻倆

經過幾年的學習，對身為父母角色，以及教養子女的方式，逐漸有了主觀的作法。

等到孩子走到青少年階段，開始發表自己的意見，有時候這階段的孩子不用口說表達意見，而以行為傳達對於某些事件的態度或看法。這個意見可能開始左右這個家庭，甚至於**父母也開始面對自己逐漸「邁入中年」的年紀，他們的人生歷練、人生角色開始有所調整，然後，最關鍵的來了，爺爺奶奶老了。**

此時的爺爺奶奶差不多六、七十歲了，除了某一部分尚有自理能力之外，身體開始有了被照顧的需求，經濟上因為已經退休，也可能需要依賴中年子女的支持與幫助，整個家庭階段性、週期性的任務，又開始擁有不一樣的樣貌。

孩子獨立，空巢父母面對長輩的老衰

等到小孩大學畢業，開始有自己的工作，這時的自主權大都交給小孩了，也因為兒女的離家，出現了所謂的空巢期。

中年父母的這一代，一邊要適應子女離家自己的空巢狀態，另一方面此時在工作上可能也逐漸熟悉，加上為了照顧自己日益年邁的爸爸媽媽，往返醫院的頻率變高了，甚至於開始思考職場退場機制。

於是，中年父母開始回到原生家庭的連結裡面，正因為原生家庭需要他們的協助和支柱。

　　當家庭週期走到這裡的時候，就順勢正式進入本書的主軸，面對長輩的老、衰、病、死的階段，處在這個過程中都有可能發生，悲傷的情緒、壓力與困頓也將隨時升高，在這個有限時間裡面，該怎麼做妥善的安排，成了最為迫切的事情。

　　小孩子因為離家，自己又將開始一個新的家庭週期。

　　這一代的兒女邁入中壯年，開始照顧年老的爸爸媽媽，然後隨著年老爸媽的離開，他們自己也慢慢年老了。所以，回歸到前面所談的核心觀念，家庭有自己的生命週期，這一代即使凋零了，但是下一代依然會新生，源源不絕的開展下去。

　　不過，隨著醫療進步，生活水準提高，其中可能會遇到一種狀況，家庭的週期階段轉換的時間延遲了！

　　過去的年代，七、八十歲的爸媽已經算是高齡，八十幾歲可能就要面對生命的告終，但是如今放眼望過去，九十幾歲，甚至接近一百歲的高齡者比比皆是。這也許是一種幸福，可是對於某一些家庭來講，卻也面對著照顧的壓力，正因為這個老人家雖然沒有太大的病痛，但是依然需要人力照顧、關心陪伴，但是大家都有自己的事務在忙，又有誰能夠抽空陪他呢？

　　所以，最後評估是不是要送往安養中心或護理之家？相對而言，家中經濟勢必將增加一筆開銷。

　　即使長輩哪裡都沒去，待在家裡，對子女而言，父母到

了九十幾歲高齡，日常的互動能力已然有限，多少都有些退化，認知、衛生習慣、飲食都要特別留意，相對地就需要付出更多的關照，日常互動間難免產生照顧及情緒上的負荷。

釋放情緒高壓，把負荷轉換成一種學習

每一個週期都有期限，但是當這個階段拉長的時候，其實也會帶來一些說不出口的沉重感。

華人文化觀念之下，通常認為這是某種「甜蜜的負荷」，這種延遲的家庭週期轉變，就要學習釋放情緒高壓，把這種負荷轉換成一股正能量。

本書主軸聚焦在「找到情緒的困頓與出口」，希望採用比較正向的方式看待。家裡的長輩是大家所珍惜尊重的對象，但有時候對家人而言，照顧上可能出現一種負荷，並非我們不再愛他了，當然也會盡心盡力地照顧，只是這時的中年子女也逐漸邁向六、七十歲，能力上也有所受限了，還要照顧九十幾歲的老人家，萬一遇到這樣的狀況，可能難免產生劇烈的情緒高壓。

記得曾經讀過一首詩：「我們認識了太陽和月亮／體驗了颱風和下雨／我們學會跳舞學會開懷大笑／然後我們才會死亡」《一片葉子落下來》

生命就像一片葉子掉下來，在凋零的時候，我們該用什麼樣的姿態來迎接？也許那個時候，能夠不用以自己付出的

多少，來衡量整件事情，而是透過怎麼樣看見生命原來的樣貌，驚嘆於生命的姿態竟是如此，當它要離開的時候，其實正是為了展現不同的樣貌，示現給我們明白。

許多子女在以前就曾見過，六、七十歲的爺爺奶奶享受著含飴弄孫的喜悅，但沒想到當他們走到六、七十歲的時候，雖然也含飴弄孫，然而從另一個部分來看，卻更像「**夾心餅乾般層層疊疊的人生**」。

此時的他們「上有高堂，下有孩童」，同時要看顧年幼的孫子，以及高齡九十幾歲的父母，等於重複著生命的照顧階段，不正是一種「雙重負荷」？

這個部分跟他們小時候阿公、阿嬤的單純歷程完全不同，需要重新摸索、再次學習。

與此同時，他們要照顧更為高齡的爸爸媽媽，整個心態可能與年輕時承擔照顧家庭的責任，已經不太一樣了，也許**會看見並體會到——「已屆中年的自己，有一天也會老到像父母一樣」這件事**，進而有所反省。

年輕時，通常不會想到自己也會變老，但是當走到了六、七十歲，看著九十歲的爸媽，兩番心境全然不同，這個時候會突然覺得十分靠近，正因為自己馬上也要走到那個階段。

因此，有些時候家庭週期階段轉換的延遲，也是一種禮物，因為延遲，才帶給我們更靠近的學習。

喘息咖啡館，和你談談心

分那麼清楚，原來是因為說不出口的壓力！

夫妻之間很大的一個衝突，往往來自於「那是你媽媽」、「那是你爸爸」，此時另一半可能會回嗆：「我媽不是妳媽嗎？」而引爆吵架的起點。

什麼情況下，會開始出現界定「你的」、「我的」，就是互動上開始出現壓力的時候！

常聽見的家庭對話：「你喜歡爸爸還是媽媽？你愛爸爸還是愛媽媽？」他們要孩子做選擇，進而想要把小孩拉向自己，彼此之間互相爭奪，造成家庭互動的三角關係，原本潛藏於系統中的界限，在某一情境下，突然被清楚的劃分，特別是在情緒、責任需要協調的時候，就容易會出現這種情況。

當照顧產生壓力時，利用各縣市政府長期照顧管理中心所提供的居家照顧服務、喘息服務，可在這階段適時地提供照顧長輩上的協助，減輕壓力，改善互動品質。

父母沒說的事……
在日常中覺察長輩的需要

　　面對長輩變老這件事，想要有所準備，那麼就需要覺察，在日常中看到他們真正的需要。

　　互動過程中，當我們看到了自己的情緒張力，進而知道發生了什麼事，同時思考到後續如何因應，可以有哪些作為……。

生活中的相處難免會產生衝突，但我們不必刻意避諱它，那些輕鬆、愉快、不滿、隱忍、摩擦、爭執等情緒展現，都是我們的日常！

心理依靠，來自父母生理上的退化

當我們談到調節情緒壓力的時候，必須先看見自己當下的情緒，反而因為看到了情緒的張力，進而知道發生了什麼事，同時思考到後續如何因應，可以有哪些作為。

前面曾提到「次系統」，因為角色互動的牽扯，影響孩子過早承接了父母的角色與壓力。

這裡談的是另一個部分，在家庭中，當小孩子漸漸長大了，他會開始有自己的意見，一般的爸媽在小孩子漸漸大了的時候，會慢慢放手給小孩進行決策。

然而，當角色權力全面翻轉的時候，可能會發生我在醫療場域裡面看到的一種情況，一名能力、行動力都還不錯的老人家，本身也有一定的教育水平，但是遇到不管大或小的醫療決策的時候，他都會回答：「不然，我回去問過我小孩……。」

決策就是一種家庭的權力，當小孩子漸漸能夠獨當一面的時候，爸媽就會漸漸轉移決策的權力，但是在轉移的過程當中，也要看這個小孩有沒有要接住，因為有時候決策轉移的同時，帶進來的也是一種壓力與責任。

　　爸爸媽媽之所以不做決策的原因，有時候是一種心理的依靠，**當父母開始認知到兒女已可獨當一面，或自身的功能開始退化時，他們會想從兒女身上尋求一種安全的依靠。**

　　有時候可能是身上的積蓄不夠，接下來醫病治療需要花上一大筆費用，再者評估到需要有人照顧，正因為自己一個人處理不來，所以才不敢輕易下決定。

　　但是，小孩有沒有接住這個訊息呢？也許沒有。

　　他可能覺得爸媽自己也有積蓄，甚至有時候根本沒有想到這件事情，只會覺得說：「怎麼連這種小事情、要不要做治療，也要回來問我！」

　　比方說執行白內障手術，有分為健保跟自費，自費較貴，但是品質比較好，老人家心理上可能想要品質比較好的那種，於是說：「我要回去問我小孩。」然後回去告訴小孩：「我最近眼睛比較不好，醫生建議要做白內障手術……。」

　　然而，老人家不會直接講要做這種手術的種類，只會輕言帶過：「啊，就是最近眼睛比較不好……。」但是兒女們沒有抓住這個資訊，只是說：「好啊，你就去動手術啊！」卻沒有聽出老人家的弦外之音：「如果是自費要花三、五萬塊，我現在退休金只有三萬塊，如果付了，這個月手頭就緊了……。」

　　中間對話的來來回回，其實是需要子女的資助與幫忙，

或是擔心術後幾天的照顧，其實老人家想得很多，但有求於人，不敢大方地說出來。

在爸媽的字裡行間，找尋蛛絲馬跡

我們常常說，照顧老人就和照顧小孩頗為相似，臨床上，一名父母在幫小孩做醫療決策的時候，常常會問醫生：「我要不要向公司請假？誰來照顧小孩？要不要住院？要花多少錢？」可是一旦對象換成家中長輩，兒女就會覺得這些事情，老人家自己都有能力處理，我只要知道就好。

正因為從小和父母的互動過程，就是「他們說什麼，我就聽從就好了」，所以並沒有想到要去承接。

因此，**當你開始面對長輩變老這件事，而想要有所準備，那麼就需要覺察，真正看到父母的需要。**所以，有一些兒女是過了一段時間才察覺，原來需要在爸媽的字裡行間找尋蛛絲馬跡。

其實很多的兒女都蒙受不白之冤，他們並非不願意照顧父母，可是父母都說自己去醫院就好，就是不讓我陪同。醫生自然就問說：「你家小孩怎麼都不聞不問？」然而，不見得是這個小孩不聞不問，而是爸媽在這個過程中，不想造成兒女的麻煩，所以不願意讓兒女參與。

根據臨床觀察，蠻常看見兩代之間發生接收斷層，特別是等到長輩的病情有了突然的轉變，當醫療人員必須跟子女

有所接觸的時候，子女接到訊息，才猛然驚覺到：**「原來我爸爸生病那麼嚴重！」**此時的子女可能會相當愧疚，因為自己並沒有注意到長輩的身體狀況。

有一位四十幾歲的朋友從事服務業，正值青壯年，由於自己開公司，所以工作比較繁忙，不過與八十歲的父母住得近，有很多接觸的機會，也會定期與他們一起吃飯。

她的父母看起來相當健康，加上社經地位很高，有著熱絡的社交活動，也持續參與社會事務，算是很成功的老化典範。

不過，我卻有段時間突然在醫院頻繁遇到她的爸爸，他對我說：「最近都吃不下，檢查腸胃也沒什麼問題，就是吃不下！」一臉苦惱的模樣，讓人不捨。

後來，我遇到這位朋友的時候，就特別提醒她：「最近妳爸爸的身體好像有一些變化，有空要多關心一下喔。」朋友也就說：「喔，好啊！」於是，打通電話給爸媽表示關心，但因為檢查上確實也都沒有問題，也就沒有太過在意。

有一天，突然接到朋友的電話：「我爸爸掛急診，也不知道怎麼回事，醫生說很嚴重，竟然還要插管……，怎麼突然變得這麼嚴重。」

因此，老年人身體的一個小病痛很有可能是慢性疾病所致，但不要輕忽慢性疾病對健康的影響。只是**對於老年人而言，身體已經逐漸走向衰老的階段，就像機器的整組零件都**

處於待修狀態，只要其中一個零件出現問題，整個連鎖反應就出來了。

比如說，老年人最怕的跌倒，因為只要一跌倒，就容易產生整個連鎖反應——跌倒就不能走路，不能走路就要臥床，臥床會有褥瘡、感染，然後就什麼疾病都來了。所以，有的時候不是子女缺乏關心與照顧，而是爸媽身體老了，變化就會如此急遽。

就好比疾病的過程，在治療階段都呈現穩定的狀態，可是一旦到了末期的時候，時常讓家屬驚覺「怎麼才換了一個醫生、換了一個病房，變化這麼大！」其實不然，而是疾病已經走到後期的階段，所以各種症狀都紛紛出籠。

同樣地，**當生命走到「老」的階段時，身體內的各個器官都已是老化衰竭的情況，所以一有變化，很快就有連鎖反應，問題才會變得一發難以收拾。**

老人家很容易出現感染的問題，感染是一種相當危險的狀況，因為一旦引發敗血症，短短幾天就可能有致命危險，家屬往往措手不及。

喘息咖啡館，和你談談心

仔細留意父母的弦外之音，避免接收落差

　　衰老的另一個特徵是訊息接收失靈，有時候父母不是不願意讓子女知道自己的身體狀況，而是看診時，醫生說了十句，他可能只記得最後那一句：「下個月要回來拿藥！」至於要吃什麼藥、注意什麼、疾病已經進展到什麼程度了，他卻通通不記得了。所以，父母對於訊息的接收和判斷能力的老化了，也會與子女產生溝通的落差。

　　此外，有些父母為了體諒晚輩，刻意不讓子女參與自己的醫療照顧，或是本身就是小病不斷的情況，便容易忽略病情的變化，或是誤判疾病的嚴重度。因此，身為兒女，可以提醒白己在日常照顧上多加留意，仔細聆聽父母的弦外之音。

04

住在一起，就是家人？
用包容與尊重化解疏離
與衝突

現代真實社會裡，很多家庭並不如想像中那麼甜蜜與完整。

從小長大的過程，無形中已經面臨過父母婚姻破裂的衝突，或是家人互動時的情緒衝突，以至於長大之後，兒女漸漸選擇不跟父母接觸了……。

　　有一些子女成年之後長期在外生活、工作，與父母的關係也變得越來越薄弱，漸漸地不常回家，甚至可能好幾年都沒有聯絡，變成一種疏離。

孩子越大，關係越疏離？

　　現代真實社會裡，很多家庭並不如想像中那麼甜蜜與完整，從小長大的過程，無形中已經面臨過父母婚姻破裂的衝突，或是家人互動時的情緒衝突，以至於長大之後，兒女漸漸選擇不跟父母接觸了。

　　因此，兩代之間的關係疏離，可能導因於原生家庭本身的互動已有障礙，小孩也許成年之後就開始離家，自己半工半讀、努力完成學業、出社會工作，最後自己組成一個家庭，也就不再與原生家庭聯絡了。

　　臨床中經常遇到類似的案例，父母年老了，一旦生病需要住院，門診中進行醫療決策，希望家屬也能夠一併瞭解及同意，此時的父母卻不敢說出子女的聯絡電話。通常醫療人員會請他們自己聯絡，發現他們開始支支吾吾，才得知原來已經好久沒有跟小孩聯絡了。

　　這種僵持不下的窘境，一方面可能是父母過往的作為所導致，也可能是他們實在太體恤子女，知道子女自己也過得不好：「我女兒自己也是單親，上晚班的工作，白天又要帶三個小孩，怎麼還敢打擾她……。」

父母老後，責任由誰承擔？

儘管過去一路風風雨雨，當長輩最後來到末期臨終的時刻，子女往往也就出現了，雖然傷害無法一筆勾銷，卻能夠暫時放下，陪伴他們走過最終一段路程，也算盡到子女的一份職責。

然而，也有一些依然不願出現的兒女，但會冷冷拋下一句話：「等他死了以後，再告訴我！」

面對這些關係的紛擾，我們又該如何重新看待過去的恩恩怨怨？

「成長的過程，他從來不曾在我生命的重要時刻出現，結婚、生子、小孩結婚……，他都缺席，現在他說來就來，根本只想打亂我的生活……。」

臨床上曾有一個案例，早年家庭關係的斷裂，導致其中一方離開家裡，情況可能是離婚、分居，當爸爸離開這個家庭走入另一個家庭，也就一直待在那個家庭，此時的兩個家庭在不影響原本的生活之下，也許互不交涉，還能夠相安無事。可是在沒有婚姻關係的情形下，等到他慢慢變老了，甚至生病、開始需要人照顧了，卻出現兩邊都不願意承認的現況。

因為這個父親已經脫離原本的家庭，之後進到新的家庭，但沒有婚姻關係。現在，問題就來了，衰老、生病的他，醫療決策該由誰來做？

　　後來同住的家庭兒女，可能會覺得，媽媽跟他在一起，快樂就好，也沒有什麼影響，即使他住到我們家，可是我們彼此之間並沒有真正的血緣關係，他有他的生活圈、我們有我們的生活圈，我知道他來我們家，他是我媽媽的好朋友，可是我們跟他並沒有關係！

　　當他開始「病」的時候，一開始可能就只是陪伴看個醫生、拿個藥，可是隨著年歲增長，照顧的時間無形中拉長了，加上後面金錢及心力的投入勢必越來越高。

　　「他年輕的時候確實住在我們家，可是他跟我媽媽並沒有關係啊！而且他老了之後，我們也照顧他二十幾年了。」於是，一口回絕了後續的承擔之責。

　　於是，我們輾轉找到了法定關係的子女，他們卻激動地回答：「從國小之後，我就再也沒見到他了，這時候突然出來，卻要我養他，這是什麼道理？」

　　儘管民法有子女得免除扶養義務的規定，然而中間的認證程序與官司浩繁費事，緩不濟急，說到底，面對兩個家庭的關係糾葛，很難清楚劃分雙方到底各自要負擔多少。

　　所幸後來是完滿的結局，兩方各自闡述彼此的委屈和付出。在這個過程中，雙方的兒女慢慢能夠互相體諒，在那個年代，他的離家有他的理由，而新的家庭確實也負擔了很長的一段照顧責任，最後願意各自承擔一定比例的照顧責任。

喘息咖啡館，和你談談心

長輩與兒女間的良善互動，來自彼此理解

「血濃於水的是關係！」儘管心頭上仍有一些東西依然沒辦法釐清，卻也沒辦法完全切割，到了最後，大部分的子女還是選擇願意承接，畢竟在長輩走到人生最後的階段，可以照顧的時間也相對有限。

「雖然我長大的過程他都沒有參與，包括我結婚、生小孩，他都沒有出現，但畢竟在我國小之前，我還是喊他爸爸。」

儘管家庭事最難解，也不便介入，但是透過良善互動與溝通協調之下，讓彼此看見自己當時的抉擇、困難與失落，也許才能喚醒內心渴望彌補的情感，不至於造成往後的遺憾。

Chapter

2

日常內外
變老的家，
傾斜漏水的屋頂

過去由父母撐起的家，如今老舊的屋頂漏水了，才發現影響所及，家人關係也將重新面臨挑戰……，雙親慢慢走向老衰病的階段，他們也許不想讓子女知道自己的狀況，一方面又想在兒女面前維持良好的狀態。

01/

老化進行中
小心！你的父母正在失能……

日日如常，其實正是日日無常！

我們常常認為老人家有的時候相當固執，其實不是個性如此，而是有些功能已經開始退化了……

　　如果以天氣的角度來描述家庭的變化，早上是陰天，後來出太陽了，接下來有一段晴朗舒適的好天氣，傍晚又再度變涼，隔天一早卻下雨了，讓人感覺濕濕涼涼的……。

驟雨來襲，屋頂出現漏水危機

　　每日的天氣可以說都不一樣，但是我們總是期待明天天氣會變好。

　　家庭中的日常其實就是在這樣的變化裡，每天都有不一樣的事件發生，這就是生活。

　　「日日如常，其實正是日日無常！」生活的過程若是出現了一些變化，可以把它當作是日常，解決以後就沒事了，當然有一些事件會影響到整個家庭，一個狀況的出現也許就是個警惕，如同氣候變遷而形成的大雷雨，讓人猝不及防。

　　當我們身處其中，往往不會知道，這場令屋頂出現漏水危機的雷陣雨，是否短暫下完後就會放晴，還是只是個開場預告，後續將面對更大的風暴。

　　因此，若生活中突然發生了變化，這個變化還沒有大到打亂整個生活節奏，此時我們就該要有一些調整的準備了。

　　當家中有了慢慢走向老、衰、病的雙親，他們也許不想讓子女知道自己的健康狀況，一方面又想在兒女面前維持良好的狀態，可能出於體諒，又或是並非刻意的隱瞞，只是子女跟父母在生活、互動上，因各自的生活圈而不再有緊密的

連結，子女也沒有察覺出異狀，大部分的時候裡，父母都呈現良好的狀態，所以無法看見問題的癥結點。

因此，兒女覺得爸媽還有很強的自理能力，可以自己出門、買物、看醫生等。

遺失健保卡，察覺父母的功能退化

臨床上有個例子，一位老人家在一個早上的門診，敲了某醫師門診 N 次的門。

「我的健保卡忘在診間了！可以還給我嗎？」老人家堅持地說。

「老伯伯，您今天根本沒有掛我門診的號喔！」醫師耐心地回答他。

可是老人家仍然持續地敲門，變成干擾了醫生看病的現場。

老人家一直堅持要找健保卡，後來查了就診紀錄才發現，他的確曾經在某一天，在那一個診間看過病，自從那一次看過病之後，他的健保卡就不見了，所以才想要去那個地方找健保卡。

後來找來找去，才發現老人家的健保卡早已遺失許多天了，可是他不知道，也想不起來，於是以自己認定的地方開始找起。

但是診間會隨著日期調整，今天這個地方是這個科別，

明天可能就換成另一個醫生的門診，但他已經認定了就是這個診間，**對於老人家而言，已經認定的事並不容易改變。**

大部分的人找不到健保卡、身分證，最快的解決方法應是趕快掛失，同時補行辦理，就解決了問題，可是老人家，沒辦法聯想到其他的解決方式，只是想要趕快把健保卡找出來。

他認為既然丟掉了那只要找到健保卡，問題就處理完了。

所以，我們常常認為老人家有的時候相當固執，其實不是原本個性如此，而是他們的認知就是如此。

後來的處理方式，就是說服他重新辦卡，「如果在找不到的情況下，我們先用暫代的健保卡好不好？」

其實，他的其他功能都很好，填寫申請資料都沒問題，只在於那個環節過不去，導致解決問題的能力出了差錯。

之後，我先跟老人家說：「我幫你打個電話，提醒子女記得幾天之後要來領新的健保卡。」另一方面也跟子女說：「郵局擔心寄到家裡面，簽名會有問題，因此請你們帶老人家過來領卡。」與子女溝通的同時，也婉轉地讓他們知道老人家已經有了一些狀況了。

這個時候他們的家庭裡，可能就會開始面臨現實層面的問題，因為中年子女大多需要在固定時間上下班，當然會期待長輩的自主能力完整，兒女越不需要擔心越好。

目前的社會福利可以連接長照、社會資源，所以當父母達到一定程度的年紀，可以開始預先蒐集、留意一些社區資源，包括老人家的日間照顧，當長輩漸漸發生輕微的失能症狀，例如早期失智，造成定向感、時間認知上的退化，就能讓老人家前往日間照護。

因此，**兒女們一旦接收到父母生活功能開始需要有人加以協助時，正可以為往後的照顧、陪伴之路，開始做準備。**

喘息咖啡館，和你談談心

「病」之前，需先謹慎面對「老」！

有些時候，老人家失去功能並不是全面性，剛開始可能只是健忘、訊息接收失靈，其實這些都是老化的開始。

通常在進入「病」之前，就是面對「老」的問題，一般人可能認為老化也許只是健忘、固執、推託、懶散等，並沒有那麼嚴重，然而其實這都是在告訴我們，老人家開始不一樣了，日常生活的大小細節都會漸漸地需要兒女協助，這些時候，就要開始多一點點用心與貼心，為往後的照顧提前準備。

人未老，身先衰？
正視父母老衰病死的照護課題

　　無常往往比明天先到，有時候還沒察覺爸爸媽媽老了，他們就先病了！

　　一般人可能會覺得，照顧老人就像照顧小孩一樣，其實不然。照顧小孩之前，通常會有段時間預備，有些人都還特別去考保母證照，可是一旦家中長輩發生事情，子女就需要立刻就銜接這個照顧工作，並沒有辦法與時機學習怎麼照顧……。

人類自呱呱落地以來，隨著年紀慢慢成長，歷經了幼童時期的純真可愛、年少的朝氣蓬勃、青春的花樣年華、壯年的壯志豪情，緊接著走向老、衰、病、死，一個不可避免的自然時程。

但是，有沒有可能在邁入高齡的路上，「老」跟「病」就相伴而來呢？

一個跌倒，開始衰病階段

無常往往比明天先到，有時候還沒察覺爸爸媽媽老了，他們就先病了，比如說突如而來的中風。

現在六十、七十幾歲的「後中年」，有些人依然可以天天爬山，甚至還有工作，而且還常是公司管理者或經營者身份，公司持續營運著，他們也都還有著極高的生產力，加上目前退休年齡的延緩，似乎慢慢將高齡的定義往後推，幾乎要等到八十歲，才真正開始邁入高齡階段！

但是這群看似健康的高齡長者，往往因為一個不小心的跌倒，或是一次原本不算太嚴重的疾病，卻引發一連串健康的危害，以致於讓他們進入衰病的情況，發出「畢竟是老了呀」的感嘆！

普遍來說，兒女先是看見了父母的「衰」，進而發現他們的「老」，加上現今醫學美容相當發達，大家更不容易看見「老」的狀態，所以看到的反而是「衰」的情況。諸如突

然之間就中風了，或是健康檢查出重大疾病，才突然開始面對長輩的衰病。

許多人的衰會走在老之前，不一定是要先變老才會面對這些問題，於是乎，有些子女就在毫無準備下承接照顧爸媽的角色。

面對長輩突然走向衰病的無常時刻，兒女有幾種選擇，一是把父母送到長期照顧的安養機構，一是仍在家裡共同生活，此時，因為經濟限制無法聘請看護或外勞，家中就會出現一個照顧者，因應長輩不定時的需求，包括餵食、清潔等大小事。

照顧也是一種專業的技能，包含翻身、洗澡、餵食、清潔等，然而大多兒女並未上過照服員或長照課程，於是乎就得重新學習。

成為一個照顧者

一般認為，照顧老人就像照顧小孩一樣，其實不然。

照顧小孩之前，通常會有段時間預備，有些人都還特別去考保母證照，可是一旦家中長輩發生事情，子女就需要立刻銜接這個照顧工作，在很短的時間裡學習怎麼照顧。此外，一般中年兒女很難事先想到要充實照顧長輩的知識，因為光是工作及家庭，已經蠟燭兩頭燒，時間都不夠用了，自然不會想要花那個時間去上這樣的課程

於是，當中年兒女必須擔任照顧者角色時，已經處在來不及再去上課了！只好從做中學，逐步建構照顧的知能，例如：翻身之前，電動床要先打平，換尿布時要側身先換一邊等技巧。

家庭中擔任全職照顧者，可能是手足間薪資待遇較差，或是工作較不穩定的人來擔任，所以他擔任照顧的責任，並由其他手足提供生活費的協助。

可是，這裡就會出現一個問題，因為爸媽總有一天會離世，當他們走了之後，這位全職照顧者的人生該怎麼辦？他的人生於是出現了斷層，再也回不去了。

因此，面對長輩病情繼續惡化時，長期照顧者的內心會出現拉扯，一方面可能是已經非常疲憊了，另一方面，感受到照顧關係即將終止，突然之間害怕老人家的離開：「接下來要怎麼辦？我的生命、我的生活都投注在這裡了！」這是身為照顧者可能會面對的，從開始時照顧技巧的學習，到最後自我情緒的調適的歷程。

想要成為一個成熟的照顧者，需要一定的摸索跟學習歷程，目前各地長照中心都會有一些照顧概念及技巧的課程訊息，經常看到一些熟齡退休的長者，已經開始報名課程，他們不只是為了照顧更高齡的爸爸媽媽，而是準備以後可能需要照顧的另一半。

安心伴老，照顧中場停看聽

黑手阿良的照顧之路

阿良是家中老么，因為家裡其他兄長都有不錯的工作與成就，偏偏就屬他從小念書就不行，所以只好做一名黑手，專門修理機車，薪水雖然不錯，但和其它手足相較之下，難免有些落差。

因此，當家中長輩生病時，他就被期待回來照顧父母，加上當時的他只是受僱的學徒，大哥就覺得：「你就回來家裡，不要做了，薪水我們照給你！」

後來，他就離職回家做全職照顧者。

不過，當疾病走到了晚期，媽媽即將進入彌留期，他表現出強烈的依戀與不捨。和他會談之後，才看見這份不捨中，除了母親是他每天照顧陪伴的人，感情的維繫十分深刻；另外一個部分，則是未來的他該何去何從？

因為以後再也沒有理由，向哥哥們開口拿生活費了，他必須自食其力。可是，現在的他已經四、五十歲了，體力不比以前，也沒有特殊技能，此時的他該怎麼重新開始？再加上長期投入照顧的過程，沒有時間結交異性伴侶，更沒有自己的家庭，內心就感到無比慌張。

身為一名照顧者，除了慌亂之外，自己又該如何重新詮釋這一段生命歷程？在付出血汗、青春之後，可以在生命經驗裡面得到些什麼養分與力量？

我在與阿良對談時，感受到一個相當珍貴的部分，在於陪伴媽媽的整個過程中，**能夠每天陪在旁邊，善盡照顧，無形中感受到一種價值，可以真的照顧自己媽媽的價值。**

「現在的社會，能找到像我這種孝子的人，已經很少了啦！」從他講話的過程中，可以發現他有看見自己的價值，在社會孝親觀念較為淡薄的現代，他其實頗為自豪，無形中肯定了自己的行為。

根據中華民國家庭照顧者關懷總會（家總）調查，有兩成的照顧者，因為照顧而離職，但這群照顧者離開職場後往往就「回不去了」。

家總推動「三個月畢業照顧者中途職場實習計劃」，邀請結束照顧工作的「畢業照顧者」參加，同時結合社工、心理、職能輔導等各方專業，希望能夠協助他們重返職場。（以

上描述摘自中華民國家庭照顧者關懷總會）

　　另外，子女若在結束照顧工作後，想投入職場，也可選擇從事照顧服務工作開始，慢慢的重回職場，建立自己的社會支持網絡。

肯定照顧價值，體會生命的共生

　　整個社會上，對於照顧者的肯定很少，但是照顧者卻相當值得受肯定。

　　我們可以想像一種場景，當長輩生病躺著的時候，兒女就是幫忙把被子蓋好，可是有一種貼近，是連他躺著的時候，枕頭、頭髮都要幫他喬好位置，透過這個動作，可以知道彼此的關係非常靠近。

　　一個四、五十幾歲的中年男生，把照顧的細節變成一種日常習慣，雖然媽媽的話可能並不多，但兩個人之間卻是充滿溫馨與溫度。

　　「我感受到跟父母的生命有種神秘的連結與理解，從這個連結中感受到了愛。」在照顧的過程中，很多照顧者都會這麼說。

　　平常聽到這些說法可能會覺得虛無飄渺，甚至有點唱高調，可是直到自己親身經歷，包括幫長輩洗澡、換尿布、擦屁股，**那麼直接的照顧之中，自然會有一種感觸，感受到一股來自於生命的力量，帶有樸實性與普世性，讓照顧者覺得**

並非一無所獲，認為自己所獲得的東西，可能遠比兄弟姊妹還要多。

當我們跟一個生命是可以如此靠近，產生互相正向依附的時候，就是一種生命的共生。

建構屬於自己的生活

子女在承接照顧長輩的責任時，其實是在走一段生命的體驗，同時經驗付出、欣慰和失落的過程。

在失落的課題上，確實是需要被支持，這也是我們一直鼓勵照顧者，在生活中要能建構一部分屬於自己的生活，除了是照顧壓力的調適，也是未來回歸生涯的後盾。

如果把照顧的子女替換不同的年齡階層，有些人可能很年輕，比如說三十幾歲，那個時候剛好孩子也還小，所以就一併照顧孩子和父母，照顧了幾年下來，小孩長大或父母的照顧模式轉換成機構方式，此時，可以放開照顧責任時，可能還年輕，大約落在四十、五十歲。若有經濟上的考量，可能就必須試著重新回到職場。

然而，因為過了就業的最佳時期，已經找不到對等的工作性質，只能夠找到比較基本或勞力工作，此時就會面對自我期待的調整，進入了角色的適應與考驗。

喘息咖啡館，和你談談心

各司其職，家中每個人都重要

家庭中的全職照顧者，確實付出相當多的心力，然而其他家庭成員，也有各自需要承擔的部分，有的人可能需要工作，用來支應家裡的開銷，或是有的人可能已經結婚了，需要照顧自己的家庭，還要照料原生家庭，中間也會出現分配上的討論。

如同戰場上，有人需要衝鋒陷陣，上場殺敵；有人作為替補掩護，預備戰力；有人則是後勤補給，照顧傷兵。

每個角色可說各司其職，各盡其份，持續開放溝通的管道，彼此了解各自的努力與付出，才能一起成為成熟的照顧者、成熟的陪伴者及支持者。

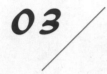

家人之間
愛恨糾結的依附

　　面臨長輩的臨終時刻，有些子女並不
想放手，糾結在依附關係的課題裡，不知
道怎麼樣調適分離的情緒。

　　整個長期照顧的過程中，雖然知道自
己也在受苦，已經很久沒有好好睡上一覺，
甚至已經超過照顧的負荷，依然很難面對
離開的情境……。

　　依附關係是一個非常大的命題，從嬰兒開始，我們就開始跟不同的關係有所依附。

　　每個人最早的依附關係是父母親，從心理學的角度來看，此時是一個相當重要的階段。

依附關係的各種型態

　　從嬰兒跟父母的依附關係，一路到長大之後親密關係的依附型態，其實都是相連性。

　　依附型態有分為安全的依附跟不安全的依附，既然是關係，就表示是一種互動。

　　那麼，什麼是安全的依附關係？指的是彼此間的互動、情感的表達，可以放心呈現自己真實的情緒本質，**生氣的時候可以生氣，高興的時候可以高興，而且這樣的表達也會得要一份相對滿足的回應。**也就是說，他的生氣，對方可以體會並接納到當中可能的委屈，而給予安撫。

　　舉個例子來呈現這種張力，小時候在大賣場或百貨公司，常常會聽到廣播：「現在有一位身穿碎花洋裝、年約五歲，剪了一個妹妹頭的女孩走失了，請家長趕快到服務台！」這時候在服務台的小女孩，因為找不到媽媽，可能就會開始放聲大哭，不久，就會看到一位媽媽提著大包、小包趕過來。

　　當小孩子看到媽媽出現的時候，會有幾種不一樣的反應：

◆安全依附——表達眞實受怕的情緒

有一種是趕緊衝過去抱住媽媽，好似想把剛剛的擔心、難過、害怕都一併吐露出來，放聲大哭著，小女孩把媽媽緊緊的抱著，這是種安全的依附表現。

因為她知道媽媽瞭解自己剛才經歷的害怕與焦急，她的哭泣是因為渴望媽媽的安撫。

◆不安全依附（一）——情緒與行爲的矛盾

可是我們也看過有一種小孩，她還是哭，可是一邊哭的時候，一邊捶打媽媽，她的哭裡面是帶著生氣的成分，憤怒質疑著：「妳怎麼可以把我搞丟了！」、「妳知不知道我剛剛很害怕嗎？」然而，這是一種矛盾情緒，雖然事實上她跟上一個小孩一樣很需要媽媽，需要媽媽來撫慰剛剛的擔心、害怕、焦慮與恐懼，可是她的表現卻是用捶打的方式。

一般的理解下，捶打代表一種「走開」的訊息，因為一旦打人、施展暴力，通常對方可能會離開，甚至是回手。在不安全依附的情況之下，她無法處理自己的焦慮，所以只好邊哭邊打媽媽，然而真正需要的是媽媽的擁抱。

◆不安全依附（二）——隱藏及壓抑不安的感受

還有另一種小孩，儘管走失了，從頭到尾都表現得相當冷靜，大家覺得這個小孩很乖巧、很鎮定。

問題出在於，當媽媽回來的時候，竟然也無動於衷？難

道她的內心都沒有一絲害怕或焦急？當然一定會有！然而，過去的她，可能已經習慣隱藏起自己真正的情感，彷彿唯有如此，若是對方沒有回應時，自己就可以不受到傷害，這也是一種不安全依附的型態。

理智與情感的拔河

當中年兒女面對長輩的臨終時刻，也會有類似的情緒反應。

整個長期照顧之下，兒女相當清楚父母的情況，過去也和醫療人員討論過後續處理方式，適時的時候，自然也就會放手，屬於安全的依附。

另外一種，兒女也不是不明白父母的病情，只是不知如何去調適分離的情境，所以選擇不願意放手，結果不只讓父母難受，也讓自己不好過，這就歸屬在不安全的依附。

◆緊密又坦然地面對生死

曾經遇過一個老爺爺，提到自己六十幾歲退休後，就全心全意照顧中風全癱的媽媽，長達了五年。

剛開始並沒有問題，只是越到後面，看著媽媽因為長期全身癱瘓造成肌肉攣縮、變形，認為這麼辛苦，於是感到有些捨不得，覺得既然媽媽的生活品質不好，繼續下去反而是在受苦。所以，從一開始盡心盡力希望讓媽媽活得久一點，到後來，反而祈求媽祖可以把媽媽帶走。

這是一種有所準備，而且與媽媽有著緊密關係的狀態，可以心疼到媽媽的苦，盡力地照顧，也能夠接受病情無法再治療的事實，願意割捨與放手。

然而，這個老爺爺後來自己面對生命的終結，他的子女顯然沒有辦法像他一樣，勇敢面對這一段離別，於是他才幽幽地對我說出這一段過往，希望小孩可以像他當時照顧母親一樣，那麼緊密又坦然地面對生死。

◆寧可繼續辛苦，也不放手

面臨長輩的臨終時刻，有些子女就是不肯放手，糾結在依附關係裡面，正因為不知道怎麼樣割捨這段關係。

整個長期照顧的過程中，雖然知道自己很辛苦，無時無刻都要注意有沒有呼吸，是否該抽痰、翻身、餵食等，已經很久沒有好好睡上一覺，甚至已經超過照顧的負荷，依然很難面對離開的情境。

一位因為父母離異，從小便和父親生活的女孩，雖然和媽媽仍保持著聯繫，但是她和父親的關係，彷彿世上僅有父親是她生命的重心。

「萬一有一天父親走了，我也要跟著走！」和父親的連結太緊密，所以，後來父親生病時，她親力親為的照顧，同時沒辦法接受，有一天父親也會離開，也不能想像如何去面對沒有父親在身邊的日子。

── / 安心伴老，照顧中場停看聽 / ──────

歸國子女，投入十年照顧長路

「雖然我知道父母會走，而且也想讓他們好好地走，但是在那個關鍵時刻裡面，我不能放手，因為一旦放手之後，就什麼都沒有了⋯⋯。」

我有一個病人的女兒非常優秀，長期在海外工作，事業有成，才五十幾歲的中壯年階段，已經事業有成、經濟無虞。

因為父母年老，就毅然決然從國外返台，斷絕海外的人脈互動，回來承接照顧的責任。

◆摸索照顧，不捨放手

只是照顧並沒有想像的容易，尤其是對自己要求很高的子女，務求盡心盡力，也慢慢學會各種照顧技能，一晃眼竟然也就過了快十年。

在這十年當中，她的生活世界只有父母，她沒有埋怨，也不說辛苦。她覺得既然父母生她、養她、育她，就是用人生的這十年去陪伴與照顧，也是應該的事。

「應該還不到這個時候吧？還沒到，你看，上次也說是病危，我把他接回去住，不是也繼續好好的嗎？這

一次應該也可以好好的才是。」

「可是臨終者每一次的變化，對身體而言，都是一次的衰退，已經很難再去恢復了！」

當父母面臨撒手人世的時候，突然之間她慌了，內心有另一種拉扯，不想讓父母離開。

「雖然我知道父母會走，而且也想讓他們好好地走，但是在那個關鍵時刻裡面，我不能放手，因為一旦放手之後，就什麼都沒有了……。」

儘管過程中，曾經討論到不再做無效醫療，也在健保卡上面註記 DNR，在病人疾病已不可治癒，且死亡無法避免的時候，就不做插管等急救的作為，但此時這名女兒還是很難跨過這一關卡。

放手，絕對是生命中最艱難的時刻！在生死抉擇的關卡上，子女會陷入「未來該怎麼辦？」的惶恐。

如果周邊的親友能透過陪伴，協助子女在過程中，回顧過往長輩相處的點滴，從而回顧彼此曾有過的喜怒哀樂，並把握當下，將對親人的珍惜、不捨、感念，或者對某個遺憾或誤會的釋懷等，都有助於此時的關係連結，以及情緒的梳理。

喘息咖啡館，和你談談心

放不開的是割捨不下的依附連結

當一個孩子長大，可以上幼稚園自然是一件好事。

小朋友一開始不愛去幼稚園，因不想從父母身邊離開。讓孩子學習獨立上學的過程，也是展現與培養一種正向的依附互動關係。依附關係不只是針對小朋友，而是我們一輩子都要學習的歷程。

每個關係裡面都有這種型態的存在，同樣地，病床邊的陪伴，其實也是一種依附互動關係，兒女對於長輩的照顧也展現出一種彼此相對的依附，只是角色對調了，小時候是父母照顧我們，我們學著離開父母而獨立，如今則成了一名照顧者，學習並面對著父母的離開。

沒法完美，當下就是最好
當家庭出現抉擇的斜槓

　　有些子女對於長輩的病情選擇不作清楚的告知，如此一來，長輩不明白自己的病情，更沒辦法去體諒子女竟是為他們著想，害怕長輩無法承擔壓力。

　　結果，長輩可能覺得是兒女不夠孝順，怎麼沒有找好一點的醫生？導致他的病況越來越差？沒能給他更好的醫療照顧……。

　　為人子女一方面想承擔親自照顧父母的責任，但自己的生活壓力或時間，卻也呈現飽和的狀態；父母因老因病而變得不好溝通時，如何讀懂或安撫父母？甚至該如何管理自己面對狀況時的情緒；又或者早年關係已是疏離，此刻身負為人子女角色的義務時，又如何為關係解套？乃至回首時，看待一路以來的紛紛擾擾，該如何整理或真能選擇遺忘？

　　每一個選擇都會出現一種結果，而每一種結果都產生了背後相對應的責任，或是衍生的種種情緒，很多時候沒辦法考慮到的是，這些結果必須要因應的情緒準備。

每個決定都艱難，壓力如同悶燒鍋

　　子女在照顧父母的過程中，難免因為種種因素，讓彼此都陷入了難題。其中就包括該不該告知病情，說與不說？以及怎麼說？或是說多少？

　　家中一旦出現了這些課題，家人間就要共同商量，在討論的過程裡，有個具體的方向與結果，緊接著就會出現了選擇——要與不要、做與不做、好與不好。

　　我們在照顧長輩生病的歷程，以及隨之的病情變化時，常常會需要面對到病情告知和醫療決策的部分，醫療人員當然都會鼓勵子女要做到病情告知，但是總有些子女不願意，因為覺得不要讓老人家承擔那麼多，或是說了之後，兒女就要承擔老人家不能接受、沮喪的情緒，或是擔心長輩一旦知

道病情之後，可能的消極、不配合治療。

另一種情況，即使子女們都有共識，不要對父母隱瞞病情，可是在說的當下，還是面對著說的壓力，到底該要怎麼說才好？一旦說不好，可能成為千夫所指的對象。但是不說的時候，難道就沒有壓力嗎？或許不說的壓力，反而更大。

近年來，病人自主權利意識的提升，加上二〇一九年一月六日起《病人自主權利法》開始實行，病情告知已是多數家庭的共識，然而面對長輩高齡、易焦慮，或是認知能力可能無法理解病情的情況下，子女還是可能選擇不作清楚的告知。

有時，長輩不明白自己的病情，更沒辦法體諒子女是為他著想，擔心他無法承擔的壓力；結果，導致他可能覺得兒女不夠孝順，怎麼沒有找好一點的醫生？讓病況越來越差？

一旦沒有清楚告知病情的情況之下，衍生出來的問題，往往影響了雙方的關係。當中還會引發另外一種情緒的壓力，就是接下來的責任與決定，都是子女自己背負、自己一肩扛起。

隨著父母的病情變化，子女壓力也就越來越大，如同悶燒鍋或是滾沸的熱開水，彷彿隨時就要爆炸！

所以，我們都會鼓勵要做到病情告知，但在告知之前可以先做一些準備，通常建議適時地評估當下的情境，再來慢慢談這件事情，而不是在一開始的時候就全盤託出。

子女常在父母身體不舒服的時候，協助父母掛號、就醫，

後續等待報告的結果，子女可能會針對檢查進一步的瞭解，甚至還會上網查詢疾病相關的資料，一旦知道病情不佳，例如有些指數偏高，子女心裡已經有了打算，但是長輩自己可能還不曉得發生了什麼事。

擺盪在說與不說之間，懸而未決的心

在這種情況下，面對長輩下一次門診的期間，子女內心會有一種感覺，就是我知道你怎麼了，但是又不能直接明說，只好用若無其事的語氣告訴他：「要記得喔，我們下禮拜三要回門診！」

很多子女都會經歷這種「說與不說」中間的過渡期，此時自己就要承接內在的焦慮和壓力。

然而，子女往往都不自覺過渡階段所產生出的複雜、交戰的情緒，卻只侷限在「說與不說」的結果，讓自己陷入持續耗能的狀態。

有一些子女在這個過程當中，還要面對其他家人意見不同的拉扯，「爸爸又不是你一個人的，為什麼不讓他知道？」此外，爸爸也有兄弟姊妹，這些長輩可能又有不同意見，共識在懸而未決中擺盪著，於是乎家庭裡的斜槓就出現了，只好再度卡著中間。

身為主要照顧決策角色的人，必須先彙整其他家人的意見，然後才有可能達到有建設性的決策結果。

家庭抉擇斜槓有擺盪的過程，就像一座蹺蹺板，不管往哪一邊，隨著每一項的抉擇，中間就會產生移動過程，隨之引起種種焦慮、著急、憤恨等情緒，當中有時候更是茫然、無助和充滿困惑。

子女在抉擇的當下，所要面對的那份困頓歷程，應該要能夠被理解。因為有時候做下一個決定，回頭才會想到：「當下為什麼會做這個決定，結果卻讓自己後悔？」

可是，他並沒有看到在抉擇過程中，已經陷落在一個兩難的困頓裡，決策時所考量的是——生存的希望及生命的品質，更包含著家人的期待、經濟的負荷，更是時間緊促下的天人交戰，這些都是充滿壓力的因素。

因此，**任何的決定，其實是當下不得不下的決定。**

回到當時，自己可能也沒辦法有更好的想法了，所以只好做出這個決定，此時需要對當下所做的決定給予一份包容。

每個抉擇，都是當下最好的決定

面對斜槓裡的抉擇，不管是病情的說與不說、照顧的責任和壓力、承接結果與情緒等等，每一個抉擇後面都會帶來許多的情緒，有些情緒走不過去，就會糾結在後悔、內疚、悔恨當中。

若是經歷了爸媽的離世，有時候子女會為更早自己沒能多和父母相處，而感到遺憾，正所謂「樹欲靜而風不止，子

欲養而親不待」，那個時候為什麼沒有多點時間照顧他、陪伴他？為什麼我連去看他的時間都沒有，都是找看護？

可是，回到當初做抉擇的過程中，其實也是一個不得不的選擇，如果那個時候工作放得下、家庭放得下，也許就可以不用請看護，而是由自己照顧。但是在那個當下，你一定有不得不的原因。然而事後，兒女常常都會輕忽自己當下的困難。

所以，**我們需要記得這份情緒負荷，在面對事後的結果，才能夠給予自己一份體諒跟包容。**

在抉擇的階段裡，很多事情是沒有是非對錯，可是有些人對於這個結果耿耿於懷、不能釋懷，就必須引導他回到當時那個情境，家庭抉擇的斜槓在擺盪的過程當中，最後選擇往這邊走的時候，讓他告訴自己：「其實自己已經做了當下最好的決定了。」

再者，談到照顧時的責任跟壓力，有些子女選擇從這個責任裡面跳脫的時候，當下或許有不得已的苦衷，但要面對的是，往後自我內心承受的壓力。

舉個例子來說，在醫院裡，如果遇到老人家住院需要有家屬一同討論醫療方向或協助照顧時，聯絡子女的過程，有些人怎麼樣都不願意配合，逃避承擔共同進行醫療決策，也不想面對父母衰老需要照顧的事實。

　　這些子女可能會以「不關我的事」、「我已經離家了」、
「他以前有養過我嗎？」，或是「我自己都自顧不暇了」等
態度來回應，我們或許可以試著理解，兒女的壓力，只是再
進一步思考，未來的他們，要如何面對自己內心那份倫理道
德的檢視呢？

　　普遍來說，一般子女都會選擇承接照顧的責任，雖然有
勞心勞力的壓力、時間的壓力，以及經濟的壓力，但是這樣
的壓力往往比較具象，那些沒有參與的兒女，身上的壓力卻
是無形的，他們得要面對內在更為深層、與社會道德背離的
部分，無疑是種隱性的內在負荷。

喘息咖啡館，和你談談心

勇於面對問題，迎接開闊的下半場風景

因為長輩的老衰病，引爆家庭裡的各種衝突，唯有選擇勇敢面對問題，好比日常中需要處理的問題一樣，放著問題不去解決，內心便像被囚禁般，外頭風光如此美好，但是我就是處在一層模糊的空間，踏不出去，心裡面覺得不開闊。

問題解決的過程中，也許承擔得辛苦，也許過程費盡心力，也許陽光還沒照進來，但是你已經可以感覺到溫度。

相反地，逃避面對，生活看似享有不受束縛的自由自在，可是內心卻感受不到溫度。這兩種感受的反差，或許可以作為家庭功能式微的社會變遷下，一個衷心的提醒。

承接與漏接
隨病情變化而來的狀況題

　　兒女照顧長輩的互動情景，經常上演的戲碼：「你怎麼不好好的、乖乖的，半夜還要把我吵醒？」、「我都多次提醒你了，怎麼又忘了？」、「我沒有功勞也有苦勞，為何你都只記得別人的好，我怎麼做都沒法讓你滿意？」

　　每個狀況就像拋出了一記球，漏接的話，可能導致了更複雜的結果⋯⋯。

大多兒女擔負起照顧高齡父母的責任時，大家往往著重在「身體的照顧」，卻忽略了承接照顧的時候，也需要同時承接自己和對方情緒。

父母頻拋球，兒女忙接球

家庭之所以這麼千變萬化，在於它創造了我們的人生故事，當中也代表著，我們在家庭的關係裡面，持續上演著喜怒哀樂的事件，有些事件可以忘懷，有些事情卻會耿耿於懷。

耿耿於懷就像是一個刺，就這樣卡在中間，讓關係上不去，也下不來。當一方沒有問出當時為什麼，一方也沒有特別講出理由，雙方就會卡在那裡，但是如果當時有一方可以講出：「其實我當時為什麼……。」那麼，有沒有可能就可以化解當中的誤會？

兒女照顧長輩的互動情景，經常上演的戲碼：「你怎麼不好好的、乖乖的，半夜還要把我吵醒？」、「我都多次提醒你了，怎麼又忘了？」、「我沒有功勞也有苦勞，為何你都只記得別人的好，我怎麼做都沒法讓你滿意？」諸如此類的情緒困擾，就容易影響到照顧的品質，也會導致關係的惡化。

如果有類似的困擾時，首先，想要提醒的是，希望先從客觀的角度檢視，父母會如此是不能？還是故意？

曾經遇到一位朋友，她很用心地照顧媽媽，但每每聽到她很委曲的訴說：「媽媽總是怎麼怎麼的刁難我！」當時我

便提醒她，有沒有可能媽媽已經有失智的狀況了？她很肯定的表示絕對不會，因為媽媽是如何如何的精明，而且還可以做些什麼事情。

加上她堅持媽媽從以前就重男輕女，心裡想要讓兒子照顧，偏偏兒子就是忙於事業，二年之後，再聽她聊起照顧媽媽的狀況時，她卻說：「我媽呀，其實就是失智了，後來怎麼會知道呢？原來失智有很多情況，不只是記不得事情呀，現在想想，都以為那時她是故意找麻煩……。」我微笑的聽著，明白在**照顧中，沒辦法只承接照顧，同時也是一種互動的磨合，隨著衰老及疾病變化而出現的無數個狀況題。**

每個狀況就像是父母拋出了一記球，漏接的話，可能會衍生更複雜的結果，也許是關係的破壞或病情的惡化，有時也會無端承接了其他家人的指責，而且那個委屈往往是有苦說不出。

所以，**建立照顧過程中的默契，試著瞭解是什麼原因，父母為何在溝通、性格或習慣上，竟和自己以前所知道的不一樣了？**

藉由這樣的敏感度，就可以避免誤會，**對於過去未曾與父母同住，卻突然要承擔照顧責任的子女而言，重新的磨合與檢視父母的狀況，是一件必要的事。**

因此，**與其說是關係的和解，倒不如說在互動的過程當**

中，怎麼協助雙方「對頻」。關於過去糾結的往事，並不容
易啟齒，拿捏不好又將是一次的不了了之，甚至衍生衝突。所
以，有時候家庭關係的和解，在處理的當下，需要一個契機，
或是當事人對於事件的態度有所轉變了，願意從不同的視角，
重新看待當時的狀況，願意聆聽一段不同脈絡下的故事。

被犧牲的機會，無法平衡的心

　　早期的年代，很多人因為經濟關係沒辦法升學，因此被
犧牲就學的機會開始工作，靠著辛苦掙來的錢，把弟弟妹妹
養大，弟妹後來讀大學，如今都有不錯的工作和發展，自己
卻只能開計程車、做苦力活，心中難免有苦有怨，不免感嘆：
「為何當時是我犧牲？」

　　可是回過頭來，有些人就會覺得「在那個時代，因為看
見爸爸媽媽的辛苦，所以我也就這樣做了」。

　　回到前面所說，其實每一次決定的當下，都是一個不得
不做出的選擇，但是有些人沒有辦法釋懷。他可能也會覺得
自己很會念書，可是卻犧牲了自己，成就了別人，如今換來
什麼？儘管一再探討關係的和解，其實這當中有很多說不出
的故事和劇情。

　　記得一個女兒，即使爸媽離開了，她還是耿耿於懷、放
不掉怨恨，那個梗仍然卡在心裡，因為覺得爸媽從來沒有重
視過她。她說：「父母在生病的過程中，也都是我去承接、

照顧，可是他們卻不在乎，自己永遠只有苦勞沒有功勞！」由於家裡面重男輕女，她的角色永遠是敬陪末座，所有功勞卻都只給哥哥，讓她內心無法平衡。

在那樣年代下的傳統家庭，女孩子通常是家裡相對的弱勢，她們的需求往往被擺在後面。比方說，小時候吃雞腿，可能是哥哥先吃，她卻要先幫忙做家事，但是這個幫忙的角色並沒有被看見，也可能被視為理所當然。似乎父母不會特別重視她的需要，而只在乎她的存在，對於維持家庭的功能效益，以及如何協助家庭，讓生活更為順利這件事情上。

這樣的族群在成長的過程當中，因為社會文化的背景，有些人會被影響，導致在兒童、青少年期的自我價值感的低落，甚至一直到長大、結婚，她都覺得自己只是嫁進一個家裡面而已。

她的內在一直少了一種被重視的感覺，等到娘家的爸媽生病或老了之後，通常會有兩種狀況，一種是嫁出去的女兒就不管娘家這邊的事了，另一種是，這個女兒還是會回來照顧父母，甚至有可能這個女兒沒有結婚或失婚，於是她回到原生家庭裡面，承接著照顧的責任。

「我這麼的努力，希望你有一天能看到我。雖然我是一個女兒，但是我對你的付出沒有比哥哥少！」以前重男輕女，很多時候哥哥或是弟弟的表現不見得很好，只因為是男生，

集三千寵愛於一身，家裡面其實是由這個女兒支撐，或幾個女兒共同扛著的情況。

周邊就有幾個這樣的例子，她們活得很努力，只有一個盼望，盼望被看見。當他們被看見的時候，往往就覺得一切都值得了。

安心伴老，照顧中場停看聽

被遺忘的女兒，最終找回愛的滿足

美芳是家裡面唯一的女兒，上面還有三個哥哥。

我問她：「妳應該很受寵吧？」她說：「並沒有。」她永遠是被三個哥哥欺負的份，跟著媽媽做完所有家事，卻得不到任何肯定的那個。

直到媽媽生病了之後，因為哥哥們忙於工作、藉口照顧家庭，都不願意承擔照顧的責任，於是一個未婚的女兒，就成了病床旁邊照顧的角色。

◆母女之間，難以跨越的心理距離

美芳跟媽媽的互動過程，看得出來盡心盡力，但母女之間總有一種距離，即使這樣，她的內心卻還是有種渴望，希望得到讚賞。

　　另一方面，媽媽對於她付出的照顧，也視為理所當然，所以美芳有點哀怨，不自覺就脫口而出：「今天如果是妳兒子來，端一杯水給妳，妳可能都會很高興。可是我在旁邊幫妳把屎把尿，妳卻覺得理所當然！」可以想見她的內心有很多的不平衡。

　　然而當媽媽即將臨終的時候，她沒有辦法接受，複雜的情緒反應，令人納悶。

　　當時我在想，媽媽跟她之間的感情並不好，到底是什麼原因，讓她此刻有這麼大的糾結。經過會談明白她的心情：「我這一輩子那麼努力，就是為了要讓媽媽看見我，媽媽怎麼可以就這樣離開了？如果媽媽就這樣子走掉了，那接下來我要做給誰看？」

◆無助時刻的「看見」：感謝有妳！

　　其實，媽媽的感謝點滴在心頭。

　　最後的那段時期，兒子都沒有來過，在多少個無助的夜晚，或是病痛真的需要有人陪伴的時候，只有女兒在旁邊，那個在家中彷彿可有可無的女兒。

　　媽媽在某天晚上悠悠地講出來：「還好我有生妳！」

美芳當場痛哭流涕，因為她盼了一輩子，就盼這句話，她哽咽地對我分享：「媽媽終於看見我了。」

這個世代的中年兒女，家裡面的兄弟姊妹可能很多個，不像現代家庭只有一個或兩個小孩。那種情況下，父母其實沒辦法照顧到每一個小孩。

所以身為兒女，常常心裡面會有一種盼望，希望被看見，有些內心比較堅強的人，可能覺得沒看見我，我也可以過得很好，可是每個人的狀況不一樣，有些人卻滿心期待被父母看見。

只是那份期待在父母衰老之後，會不會重新有一個被看見的契機？雖然透過這種情況下的被看見，多少帶著一種苦，但心理上卻得到一種深層渴望的滿足。

◆轉化關係，彌補曾經失去的遺憾

當年家中可能沒有她的位置，爸媽也沒那個餘力關照她。可是就在這個時候，父母有需要了，當被需要的時候，女兒的付出就比較容易被看見。

如果這是一個生命裡必須要被滿足的渴望，如果不侷限在小時候得不到愛，而是把這份愛放到現在這個階

段獲得滿足，會不會也是一種圓滿呢？

　　如同美芳一樣，她最後在病床邊聽到媽媽說那句話：「還好我有生下妳！」於是就釋懷了，終於滿足了她永遠比不上哥哥的那個遺憾。

　　這也讓我們看見，**也許在跟父母的關係裡面，仍然有一種轉化階段的可能**，早年的父母可能忙於自己的生活，可是當父母年老的時候，他們的心境不同了，**我們把這個時候的付出當作是和父母的和解，其實對自己而言，也是一種渴望的獲得和填補**，也許時機點並不如想像中的那麼美好，但那個意義卻更為不同，反而更加地深厚。

過不去的坎，只需父母一句肯定

　　「在你可以的時候，去做了一件事，使得關係得以轉化，得到的回饋滋味往往更為豐厚。」

　　成長過程中的失落，令很多當初被遺忘的人，可能在夜深人靜時不斷地反芻，同時造成對於人生的種種憤恨不平，反映在人際相處或婚姻經營上，也因此有了許多的自我對話，

於是產生了另外一種自我的淬鍊，使自己看清楚真正需要的是什麼。

　　所以，透過上面提到被遺忘的女兒，在無數次的自我對話中，她看到了如果可以得到媽媽的一句肯定，對她而言才是重要的事，所以才會在最後有限時間裡，那麼地著急。

　　我相信，她不只是為了得到媽媽一句肯定才這麼努力，而是過去一直以來都很努力地為他們做些什麼、為這個家做些什麼，然後走到這個時候，在這樣因緣際會下，終於得到了媽媽從心裡面講出來的一句話，這跟哥哥從小得到「你真好、你真棒」的淺層讚美不一樣，而是一種深層的愛與感動。

　　值得喝采的是，**因為我們的成熟，能夠克服自己成長過程的種種缺憾，然後，重新建構出一種與父母互動的模式，**最後得到父母從心底的話語：「還好我有生下妳。」厚實到足以化解長期恆亙於心頭的那根刺。

　　故事後來的母女關係，打破了隔閡，有著緊密的連結，女兒可以很放心地在媽媽旁邊，不再覺得需要努力證明什麼，好讓媽媽清楚的看到，因此照顧反而變自然了，媽媽享受著女兒的照顧，女兒也享受著最後陪伴媽媽的時光，這樣的陪伴時光成了一種享受，感到心裡的滿足。

喘息咖啡館，和你談談心

轉化關係，重新修護兩代感情

本書所要關懷探討的核心，正是「兒女對於照顧長輩」這件事，有時候大家會認為，這個年代談「孝順」有點太過八股了，其實是因為還沒有貼近每一個故事的心路歷程。

假使有機會詢問當事人：「為什麼要這樣做？」她可能會說：「因為從小就是盼望媽媽能夠看見我，現在她終於看見我了，過去一兩個月，甚至一兩年的把屎把尿，對我來說，那叫做值得！」

她們不是為了得到「孝順女兒」這個稱號而做，而是單純的因為，她跟爸媽之間終於可以放下心結，重新修復了關係的那個渴望。

排行老大的責任
家庭犧牲者的自我解套之路

　　在某些危機家庭當中，年長的子女通常容易為家庭犧牲，早年的時候，父母可能會說：「老大要趕快長大去工作，讓弟弟妹妹可以去念書！」那個比較懂事的大哥、大姊，就會犧牲自己的學業。

　　然而，屬於他們自己的未來，又有誰可以給予解答？

父母與兒女之所以產生心結，有時候是性別因素，造成的關係失衡，有時候可能是排行與輩分，衍生出的心理埋怨。

為家庭犧牲後半生，接下來的路怎麼走？

在某些家庭的危機時刻中，年長的子女通常容易為家庭犧牲。早年經濟環境不佳的時候，父母可能會說：「老大要趕快長大去工作，讓弟弟妹妹可以去念書！」當時比較懂事的大哥、大姊，就在那種情況下，犧牲自己的學業。我常常聽到的一句話就是：「我以前念書也是念的很棒，我為了弟弟妹妹犧牲，很早就去工廠工作、去當學徒，所以才能賺錢回來供養弟弟妹妹，讓他們順利求學。」

台灣早年的經濟起飛得很快，家中的弟弟妹妹在這樣的資助底下就學，加上整個社會的快速成長，當他們念到要升學的時候，他們有一個更好的成長環境，就一路念上去了。導致哥哥可能只有小學或中學學歷，弟弟妹妹可以念到高中、大學，甚至研究所。

於是，哥哥可能還是勞工階級，可是弟弟妹妹是工程師、醫生、教授之類，有能力去外地或國外自立門戶，反而是哥哥因為工作的性質，讓他們較少有離家到外地的考量，就留在爸媽身邊，等爸媽年紀大了，也就擔起了照顧爸爸媽媽的責任，這樣的家庭並不少。

這種情況之下，可能將出現幾種結果，有一種是弟弟妹

妹懂得回饋，如果是這樣，家庭關係就會趨向和樂的狀態，因為他們將家視為是一體，這就是所謂的「家庭凝聚力」。當家庭凝聚力夠強的時候，彼此之間不會因為各自日後的發展，而有所隔閡。

然而，另外一種是手足在成家之後，就各自過各自的生活，甚至比較優秀的那個子女，會跟家裡面做出切割，減少與家裡的互動，因為他想維護自己好不容易建構起來的世界，不願因此受到影響。

回過頭來講，因為當年的社會條件，導致後來當兒女承接家裡面的照顧責任，除了感到承接的壓力以外，也會產生一種無奈或是埋怨的心情，甚至覺得自己是「被犧牲的那個人」，在「那個年代」下，因為社會背景和家庭期待，為家庭付出了自己原來可能的發展，成了一名犧牲者。

學習每個生命階段都樂齡

這些為了家庭的犧牲者，內心可能還有一些的焦慮與矛盾，那個焦慮是沒有能力為自己的未來做安排，因為以前就是照顧小孩、照顧手足，現在則是投入照顧高齡的父母，並沒有為自己準備些什麼。

矛盾之處就在於，以前常說：「養兒防老」，可是到了這一代，他們可能也看清楚養兒沒有防老這件事情。

當年他學習到的觀念是：「你長大以後，就是要奉養父

母啊!」可是等他到了五、六十歲的階段,發現當年接住父母的照顧,但是現在後面已經沒有人可以接住他了。他發現自己的小孩,現在不見得有能力奉養他,一方面是經濟問題,因為孩子自己的生活就那麼緊縮,一方面則是社會價值也跟當年不一樣了。

這個就是我們在講的說,**當你在面對長輩的老衰病死的時候,其實也在準備自己的老衰病死**,或許這頭在忙著照顧年邁的爸媽,另外一頭,其實也要開始警覺到自己未來,到底該怎麼辦?於是,開始告訴自己,我不能夠生病,我要把自己照顧好。

現今社會慢慢有了一種氛圍,就是「老不起的未來,全民一起來運動養生」。除了生活品質的提升,大家對於健康知識的急迫性需求外,另一方面則是大家開始發現,當有一天年紀大了,需要有人照顧的時候,可能已經沒辦法再靠子女了,那麼我們就要靠自己保持健康的身體狀況,不然就沒有依靠了。這樣的聲音慢慢形塑成一種潛在的社會集體焦慮。

「我的爸媽還是很幸福的一群,因為他們至少還有我,等到我老到他們歲數的時候,我都不知道我的小孩在哪裡!」高齡化與少子化的現代,很多人常常有所感嘆。

因為從父母身上看見未來的狀況,於是不管有沒有結婚、有沒有子女,我都盡量讓自己保持健康,避免需要被照顧的

狀態產生。

　　所以，學習在每個階段都樂齡，就是一件重要的事，維持身心健康，從年輕就開始準備，避免未來被照顧問題所困住。

　　子女照顧父母的議題，開始被大家看見了，我們可以不再從道德層面切入，而是納入社會的整體氛圍，有時候更要評估一個子女本身有沒有能力，甚至得用更健康的心態來看整件事，一位身心都健康的照顧者，高齡長輩也才能夠有品質地被妥善照顧著。

運用社福資源，幫助每一個搖搖欲墜的危機家庭

　　記得一個印象深刻的例子，一名單親爸爸照顧一個小女兒，母親被診斷出癌症，要有一段不短的治療期間。

　　身為人子及人父的他，一方面要照顧生病的母親，又要照顧女兒，偏偏這個兒子只是一般的勞工階級。媽媽住院期間，病情不是很穩定，他也不可能把工作辭掉，專心一意來照顧媽媽，所以還是繼續工作。

　　於是，聘請了一個二十四小時的看護，可是看護的費用竟然比他的薪水還要多，加上他沒有存款，後來透過社福資源，評估符合申請低收入戶的條件。

　　當他申請到低收入戶的資格之後，就能補助部分看護費，有個看護來照顧媽媽，他自己就能安心工作，下班之後再照顧女兒，慢慢度過這個危機。

　　社會中有一些潛在的危機家庭或者我們稱為脆弱家庭，家中可能只有一個工作人口，當他必須同時承接家庭的經濟來源及父母的照顧負擔時，一旦他沒有工作，家裡就會斷糧，但是他去工作，家裡的老人家又沒有人照顧，該怎麼辦？此時，台灣長照政策及相關社會福利就能夠進來協助這個家庭，緩解迫切的危機。

　　這部分可以從各縣市政府公所社會科得到資訊，例如：經濟困難的家庭可以申請低收入戶資格，得到相關福利資源。如果是因突發事件衝擊，影響一時的家庭功能，但家庭還不到申請低收入戶資格，例如因為家中長輩可能只是這次身體不適住院，但子女為了照顧爸爸媽媽，可能近期必須常常跟公司請假，也因為頻頻請假而影響收入，或者，這位家中的支柱自己也生病，或是因某種原因無法工作，導致家中經濟陷入困難，影響到原本的生活。那麼，就可以申請急難救助來渡過一時的難關。

　　「人並不是被某個事件所困擾，而是被自己對於這個事件的看法所困擾。」

　　在成長過程中難免因為在家中的排行或性別，而被期待負擔某種角色任務。

　　如果自己是接受那個「被期待的角色」，那可能會產生一種因承擔而滿足的心情。但也可能是不願意但不得不接受

這樣的角色，於是，委屈及怨懟，甚至感覺被犧牲，便是對那個當下的詮釋，以及自我的認同。

在子女眾多的家庭裡，常聽到父母說：「五根手指伸出來都不一樣長！」

這段描述當中，似乎**道盡了父母想一致性的對待子女的為難**。既然每個人的際遇不同，那麼，山不轉路轉，換個想法，重新看見自己在承擔被期待的過程中，看見自己與家庭的連結，也是幫忙自己找到情緒的出口。

─ / 安心伴老，照顧中場停看聽 / ─

父子情，朝向更加圓滿的方向

有位朋友的父親罹患失智症，逐漸地連自己的兒子都認不得，二人互動狀況於是被迫從父子轉變成朋友。

爸爸認不得他，他也只好在爸爸面前調整自己的角色，他們不是兒子，而是朋友。

◆環島之行，開啓互動契機

後來，這位朋友在等待轉換工作的空檔，選擇從外地重新回到家裡，開始規劃和爸爸進行一趟徒步環島之旅。

他說，當時這樣的提議，所有的人都持反對意見，甚至連專業的醫護人員也不贊成，但他很仔細地規劃，除了事前先對疾病概念有所暸解，以至於如何和這樣的病人相處，從出發前三個月就開始進行體能訓練的計劃，到行走的路線及突發狀況的備案，都有全盤通透的整理。

然後，他們出發了。

◆規劃之外，累積珍貴相處的點點滴滴

環島之行過程中，當然有很多突如其來，或者不在

規劃當中的情況。

　　甚至連他以為已經瞭解的如何和爸爸的互動，偶爾都還會出現失控，例如：爸爸原本抽菸，失智之後雖然不再抽了，但路途中卻會不斷的撿拾菸蒂。

　　他只好開玩笑的說：「這樣的結果，就是走市區平地的路，比起走山路來得更慢，沒想到市區的菸蒂這麼多呀！」

　　一路上，他也得到好多人沿途的加油及鼓勵，甚至有人還因此陪他們走了兩小時。

　　這些環島過程的點點滴滴，後來都成為最珍貴的回憶。無論過去在家庭中曾經有過什麼恩恩怨怨，彷彿經歷這樣的旅程後，所有的過往的爭論，都不是那麼重要了。

　　也許是經歷過某一段生命陷落或受苦之後，才會有剎那之間的理解或頓悟，甚至逐步朝向圓滿的方向前進。

跨出受害者心態，走向和解關係

親子兩代恩怨糾結很深的時候，子女對於過往所發生的事，依然沒辦法釋懷，可能就只想逃得遠遠的。

當父母需要有人照顧時，子女會被期待能回過頭來看護他們。不過，很多時候會陷在一種像是「父母恩重如山」，所以只好抱持著感恩、反哺的心態照顧他們。

可是，如果我們之所以孝順父母、侍奉或照顧長輩這個概念，是因為過往曾經從他們身上得到好處，才要這樣嗎？還是其實我們可以跳脫出來，不是因為他們曾經對我做過了什麼，可不可以只是因為他生我，或是我跟他是一個家人的關係，所以才這樣做？

如果父母和子女的關係是平和的，雙方自然會累積很多情感，可是假設他生我之後，沒有養我、撫我、育我，我拿什麼東西去承接這麼沉重的負擔？

儘管法律明定在某些情況下，子女可以不用負擔對於父母的撫養義務，可是在情、理、法的層層之下，也看到很多子女知道過去父母親的失職，但為什麼到最後還是願意承接呢？

因為承接照顧這個事情，不單單只是付出、回饋或償還，並非因為以前從你那裡得到什麼，所以現在可以回報什麼？

如果是這樣，我們就要陷在斤斤計較之中了，照顧與否無法如此算計。

「他過去那樣傷害我們！」也許從情感的層面來看，子女因為心裡的結沒辦法過去，現在反而要說服自己放下那一份的恩怨。「我曾經很恨他，我們家從小就因為爸爸，導致全家的顛沛流離，我的失學也都是因為他⋯⋯。」我想那個過程，當中就有很多的過不去。

然而，有一些子女清楚整件事情的來龍去脈，那麼他又是怎麼樣克服自己？走過去的呢？這些子女懂得當時的無奈，「知道我爸爸他是因為生意失敗，因為某個事件擔保，造成家裡面的破裂⋯⋯。」從這件事當中，試著理解當年那個傷害家庭的事件，而不去評斷是非，

回到**「我就是一個為人子女者，我做我身為子女可以為家庭做的事」**。儘管知道成長過程一路在受苦，也知道這個過程令家人們都受傷了，可是我仍然不站上批判的角色，**人生的角色很多種，可以選擇不是去評價父母的這一種**。

過去的是非恩怨，沒有辦法絕對的切割出去，子女心裡會有所埋怨，但這是一種視角的選擇。

假使一直把自己的角色當成是受害者的時候，就會很難從角色裡跳脫出來，承接生命的際遇。可是，當我們跨出受害者心態，反而會比較容易釋懷。

安心伴老，照顧中場停看聽

獨居長者走向圓滿之路

一位獨居的老人，生病後一直無人看顧。

經過一番波折，終於找他的三名兒子，因為早年家庭的破碎，以至於兒子們很早就各自離家，在社會上闖盪，幾乎也沒什麼聯絡，直到醫院因老人家病情的急轉直下，需要與家屬說明及溝通，才把兒子們找來開家庭會議。

◆ 兄弟重聚，重新找回家的感覺

一開始聯絡到二兒子，他說他不是老大，沒辦法代表家屬，然後才又找了大兒子，大兒子也推說，自己雖然是長子，但爸爸不是他一人的，需要再問小兒子的意思；再度找到小兒子，他則說大哥、二哥都沒意見了，他能說什麼？

這樣一個推給一個，最後只好協調一個時間，請三個兒子都一起來。

由於兄弟在成長過程中，因為爸爸媽媽離異，並沒有得到很好的家庭照顧，各自離家後，生活也都過得起起伏伏，各自過各自的生活，誰也顧不及其他人。

剛好藉著這個機緣把他們重聚起來，原本他們並不想理會爸爸的事情，但就在聚在一起時，彼此生疏又親近的打了招呼，聊了彼此的狀況後，那種家人的感覺回來了。

三兄弟因為經過這幾年的社會歷練，再度重新看著垂垂老矣的父親，這時的心境和當年離家時，也早已不同了。

◆為愛承擔，兒女最後的責任

當年曾埋怨為何爸媽沒給他們一個完整的家，現在彼此成年了，各自經歷成家立業的辛苦後，再回頭看自己的原生家庭，看著多年來一直孤老無依的父親，突然體會出當年父母的辛苦，以及當中的不得已。

最後，三個兒子有一個最大的共識，就是屬於子女該負的責任，不要讓社會資源承擔，於是大家協調出一個彼此可以接受的決策，至少讓父親能夠有所照顧，得以終老。

很多時候會說，能用錢解決的都不是大事，但用錢解決了，也只是事情的一部分而已。

所幸，這位獨居老人在住院的期間，兒子們都還會主動的來探視他，雖然彼此的互動有限，但我相信在兒子們的心中，有一個聲音：「**長大，不是只是生活獨立，而是同時有能力去承擔及包容過往生命裡的不完美。**」

喘息咖啡館，和你談談心

認知疾病過程，用陪伴取代擔慮

生命的旅途有很多挑戰，當老、衰、病襲向父母的時候，子女們同時跟著面對種種的課題。

對子女而言，不單單只是把父母照顧好，而且要幫著父母一起對抗疾病，不只積極幫父母尋求最好的醫療，也在生活上安排最妥善的照顧。

然而，某些類型的疾病特性，只能維持平穩的狀態，再不然就是朝向惡化的方向，不會有所謂的「治癒」。

此時，子女的心情確實相當煎熬，因為只能眼睜睜看著父母的健康逐漸的被疾病擊垮。

與此同時，需要理解到並非父母不加油，而是有些疾病的病程正是慢慢地讓生活功能退化，例如失智症。兒女對於父母的照顧，基本上就是溫暖的陪伴，取代過度的擔憂與焦慮，如此也才能讓雙方的互動關係，在最後階段走向一個平和的終老。

Chapter

3

沒有盡頭的馬拉松
心力交瘁的陪伴之路

很多照顧者與被照顧者之間的關係很緊密，但在照顧的過程中，仍然會產生情緒的衝突與矛盾。

　　明明很用心在照顧，卻因為被照顧者的不配合、堅持自己的意見，導致壓力一點一滴累積，最後爆發憤怒的情緒。若不深入理解自己的情緒，可能會出現用不當的方式和被照顧者互動，更嚴重的話，還會出現虐待的情形。

疾病的背後
照顧者的苦與難

「我倒寧願她還能夠繼續罵我。」隔壁床在吵架，她看著他們吵，眼淚忍不住流了下來。

「妳知道嗎？離我上一次跟爸爸起過爭執時，已經是五年前的事情了，那時候有多厭煩，這時候就有多懷念。」

生病本身也是一種苦，面對病情無法好轉、可能惡化、反覆變化，在適應方面都是一大挑戰。

病症不僅讓病患痛苦，還帶來了很多焦慮、不安、無助、矛盾、憤怒、疲憊。

苦難，該怎麼定義？

照顧病人是一件辛苦的事情，當病人無法自理生活、只能依靠旁人，但每個人都有自己的個性與習慣，照顧者就需要配合患者的習慣，比如患者有一定的口味、或一定要吃麵或飯等。

經常會聽見病患家屬說：「如果是在家裡，他想要吃什麼，我一定馬上做給他，可是我們在醫院啊，我要去哪裡生一個廚房弄給他？」畢竟住在醫院，跟家裡還是不一樣，若這時病患特別堅持的話，就會讓照顧者感覺無助。

大家都說「苦難」，把苦和難放在一起，但我覺得這是兩件事情。

「苦」指的是辛苦的部分，雖然現在很辛苦，但事情總有轉圜的餘地，至少在照顧病患的過程中，可以讓他的病情不再惡化。那麼，「難」是什麼？做了許多事情，卻無法改變任何狀態，即便是想，也做了，但時不我予。曾經聽到一名病患家屬這麼跟我說：「**每次看到主治醫生都很矛盾，因為他都會跟我說——病情又變得更差了！可是，我並不想要聽**

到這些話。我媽媽的求生意志很強，她還想活下去啊！可是醫生卻一直說指數又在下降，要我們有些準備了……。」然而，這已經不是用不用心照顧的問題，這就是難，有時候已經到達盡頭了，也許只能盡人事，聽天命。

許多家屬想要把病患照顧好，細心呵護著病人，但是仍然會面對一個困難——病人的病情已經到達「無力回天」的情況，即便是想要努力改變，卻可能都沒辦法挽回，這也是一種「難」。

換個心態，解開心中的結

「這就是人生的苦難，總是要經歷生老病死。」有時候，在某一個氛圍裡，我們都會這麼安慰自己，然而，當我們仔細去想，其實在這個過程中，仍有千變萬化的時候。

「我以為這樣已經夠苦了，直到這次不管怎麼努力，已經不能再改變什麼，我才知道之前的苦算得了什麼。」當人生路途中碰見的每一個情景中，可能還會面對不同的狀況，當你認為自己已經夠苦了，可是並不曉得還有更不同的考驗接續而來。

這個時候，苦已經不能再代表什麼了，病患的病情繼續惡化、繼續變老，或是失智更加嚴重，可能連吃都沒有辦法了，才發現更辛苦的還在後面等著。

有的家屬跟我感慨道：「我倒寧願她還能夠繼續罵我。

隔壁床在吵架，看著他們吵，眼淚忍不住流了下來，妳知道嗎？離我上一次跟爸爸起過爭執時，已經是五年前的事情了，**那時候有多厭煩，這時候就有多懷念。**」聞言，不甚唏噓。

　　吵架一定會有憤怒的情緒，然而回過頭看，才發現當時氣得半死的人，只能躺在病床上，生活中的所有細節都只能依賴著你。而你，竟開始懷念起五年前，他還能大聲爭吵的時候，「**我現在寧願被他罵死，都會覺得很幸福。**」

　　就像是手中的一綑被打結的線團，若是用力硬扯，反而容易被拉得很緊，怎麼拆都拆不開，但當把繩子放鬆之後，你就會發現被打了死結的地方，鬆開了！

　　或許，**當我們站在不同角度，看得比較全面的時候，就可以掙脫和解開束縛。**

　　換了一種心境之後，也能更懂得什麼事情不需錙銖必較，才不會在遇到「難」的時候，後悔莫及。

喘息咖啡館，和你談談心

退一步，也許你會發現更多美好

有時候我們常聽到一些老人家說：「以前視力很好，什麼都看得很清楚，現在老了，眼前都是霧茫茫一片，反而有另一種意境。」看不清，也是用另一種心境去感受。

這種轉變是一種人生的智慧，懂得什麼事情不要去計較，什麼事情是要去珍惜。

我愛他，又覺得他煩！
照顧者的情緒矛盾

被照顧者是弱勢的，但照顧者在面對照護上的挫折或是無助時，反而會覺得自己更加弱勢，所以，經常會聽見：「我每天這樣子照顧他，他還沒走，我遲早會比他更早走！」

但是，兒女絕對是很關心這個父親的，否則也不會在大半夜起床照看，這就是照顧者的情感矛盾，一方面很愛他，另一方面又展現對被照顧者的不耐。

「今天我心情不好。」這是指一整個狀態。

但我們都很少會去深入了解「不好」裡面，包含了哪些原因，除非特別找心理師等相關專業人員諮商，或是在夜深人靜的時候，幫自己梳理情緒，了解導致心情不好的原因。

情緒的背後，是捨不得

大部分的人都知道，當自己感覺不舒服，很容易在解讀情緒的時候，用「好」、「不好」簡單的詞彙來總結心情，或是當情緒負荷得很重時，只會認為自己受不了了。

可是，有時候這種滿溢的情緒裡頭，並不是全部都是壞的部分，也有一些美好的東西存在。比如說，我捨不得爸媽受苦，這種捨不得的感受往往背後還連結著一個情況是——但是我好像幫不到忙。

這個心底「**想為他們多做些什麼，卻發現自己無法再改變什麼**」的聲音，是許多人無法輕易察覺的，只知道自己的情緒很低落，忽略了導致這項情緒的主因——捨不得卻又無能為力。

捨不得，是對家人的關懷，以及情感的連結，代表我很珍惜他們。

所以情緒是有層次的，因為看見了父母受苦，所以開始知道對父母的孺慕之情，但這中間又加進了身為兒女的責任、對病痛束手無策的無助，以及對病情感到焦慮，當林林總總

加起來之後，整個情緒層層疊加，最後就看不見了最需要被珍惜的部分，開始對照顧父母感到煩躁，「因為爸媽生病了，過程中，我憂心、慌亂、無助以及照顧的負荷，將原本生活規劃都被打亂了！」

情緒是一個整體，它有過程、有層次，也會有轉換；它可能也來自和環境相扣的因果連結，當然也會有扭曲的情緒反應。所以，當情緒上來時，把自己的思緒拉離當下，才能看見事情的前因後果、來龍去脈，才明白當下為什麼要生氣。

因為在事情發生的當下，會有很多情緒佔據你的思考，如果有機會可以仔細分層，也許可以看見情緒不同的層次跟不同的面向。

憤怒不只是宣洩，也是保護

情緒也是一種保護作用，例如憤怒。

憤怒讓我們在意見的爭論拉扯時，有機會停在某一個情境或事件裡面，去發洩這個情緒，除非是一怒之下做出了衝動的決定，否則就會停留在事件當下，去進行更多的對話。所以，憤怒其實是一種保護，它讓我們停下來，讓我們有機會去看、去想、去探討到底怎麼了？

照顧者的憤怒情緒通常是因為壓力很大，而壓力來源是因為在乎又無助，或是某一個感受、想法因為不被理解受傷了，所以感到憤怒。如果停在憤努的當下，不著急著做出決

定，其實看清楚了之後，更知道要怎麼去表達自己的在乎，以及受傷的感受，這就是所謂「**事緩則圓**」。

情緒其實是對應的，一方面是一種宣洩，另一方面也是種保護。

既然是這樣，我們就可以當作是對自己的幫忙，讀懂情緒是第一步。因此，該怎麼陪著長輩或是兒女看見、了解自己的情緒，替他們一個一個解套，是一件極其重要的事情。

身心俱疲，照顧者成弱勢者

很多照顧者，他們與被照顧者之間的關係很緊密，但在照顧的過程中，可能會產生情緒的衝突與矛盾。

明明心裡很關心，也很用心在照顧，卻因為被照顧者的不配合、堅持自己的意見，或是經常指責照顧者的情況下，導致壓力一點一滴地累積，最後爆發憤怒的情緒，若不深入理解自己的情緒，可能會出現用不當的方式和被照顧者互動，更嚴重的話，還會出現虐待的情形。

曾經遇過一對相依為命的父子，情感很深厚，父親的病況致使他晚上睡眠品質差，父親的病況甚至還有大小便失禁的症狀，所以只要父親半夜失眠起床，兒子也會跟著醒來，就怕父親上廁所走路摔倒。

有時，一不注意就會發現父親又到處大小便了，兒子整個晚上就忙著善後清理，隔天又重複著同樣的模式。

時間一長，兒子的耐性也逐漸減少，兩人的衝突也越來越多，兒子甚至還會懷疑爸爸是不是因為對他不滿，而故意做出這種行為找他麻煩？於是，當父親又在夜半起來隨地大小便時，兒子就會有言語上的責備，甚至是肢體上的暴力。

被照顧者是弱勢的一群，但照顧者在面對照護上的挫折或是無助時，反而會覺得自己更加弱勢，所以，經常會聽見：**「我每天這樣子照顧他，他還沒走，我遲早會比他更早走！」**

但是，兒子絕對是很關心父親，否則也不會在大半夜起床照看，這就是照顧者的情感矛盾，一方面很愛他，另一方面又展現對被照顧者的不耐。

鬆了一口氣，我錯了嗎？

等到被照顧者去世之後，照顧的一方要承接哀傷的情緒。

臨床上，有所謂的「預期性哀傷」，預期性的哀傷是事情還沒有發生之前，已經預想到之後的狀況，這種預期性哀傷情緒有時會比真實發生時的哀傷反應更為強烈。比如說，兒子想到有一天相依為命的父親不在了，他該怎麼過剩下一人的生活？

這時候出現的哀傷反應，是對被照顧者一旦離世的預設想像導致的情緒，可能會焦慮、哀傷，或者害怕自己都付出那麼多了，而他還是會離開的一種生氣，甚至因為不知道如何面對分離，而在情感上產生了距離，不敢繼續投注更多的

關心，也不敢再主動表達對於即將分離的不捨。

對長期的照顧者而言，某一方面，既等待結束不分晝夜的照顧生活，另一方面，卻又害怕那樣的一天真的到來時，自己是否真的能承受。

對很多的照顧者來說，光是要照顧病患，時間跟壓力追得快要喘不過氣，並沒有多餘的心力來處理屬於自己這種偶爾出現、一閃而過的預期性哀傷情緒。

另一種哀傷是在失落發生之後所產生的情緒反應，例如：兒子在父親生病的期間，先暫停工作，全心全意地照顧爸爸，從最基本的護理知識開始學習，想要把爸爸照顧痊癒，所以只要能夠讓爸爸放心、舒服，或是讓爸爸覺得有意義、可以圓夢的事情，他都願意做，直到精力耗竭，出現情緒反彈。

但是，真的等到爸爸離開的那一天，他才回過頭來想到：「我好像沒有為爸爸做這個、做那個……。」此時，兒子的**情緒在哀傷中夾雜憤怒與自責**，認為自己沒辦法幫爸爸做到某些事情，又或者，認為哪個地方出現了疏失，希望有人可以為這個疏失負責。

這個階段的情緒的過程，還可能有一種反應，就是當他把自己的事情全部放下，全心全意地照顧爸爸。等爸爸走了之後，他出現的情緒是一種突然之間「釋懷」和「輕鬆」衍生的罪惡感。

「我是一個這麼孝順的兒子，為什麼他離開了之後，我反而覺得輕鬆、鬆懈下來的感覺？」接著，有可能兒子對於這種輕鬆感覺又產生了罪惡感，然後開始自責，因為他覺得照顧爸爸的時候，有很多事情沒有做好，讓他沒有辦法放下。

暫時出現的輕鬆、無感，都是正常哀傷情緒反應

「為什麼我感覺輕鬆了？是不是代表我不愛他？」

「為什麼我對他的離開，好像沒太多感覺？」

其實很多子女對於長輩離開之後，會有這麼一小段時間，出現一種卸下重擔的輕鬆感，但這種感覺不會一直持續，它只是一個過程。

因為照顧長輩的那段時間確實非常辛苦，所以**當壓力解除之後，的確會有一種輕鬆感，但不久後，接踵而來的是子女對逝者的懷念、悲傷，甚至要開始重新尋找生活重心時，也會感到焦慮；遇到很多繁雜的事情時，可能也會產生憤怒。**

事實上，當親友去世後，會有許多情緒夾雜在一起，然而令照顧者最困惑的卻是那份輕鬆感，更因此可能對自己感到憤怒，想著怎麼可以有輕鬆感，而過不去這個情緒的「坎」。因此，有些人就會透過指責別人把憤怒往外丟，覺得一定是哪個部分沒有做好，誰應該為親人的去世負責，如此好讓自己心中的那份輕鬆感得以掩飾。

有些人可能對於被照顧者的離世無感而覺得困惑，「我

應該很悲傷、很沮喪，為什麼我沒有那些情緒？」

他覺得自己應該要有的情緒，卻沒像預期中出現時，當下的困惑可能也帶有罪惡感，糾結其中會感到慌亂。這個慌亂反而引發了他的另一種焦慮，對許多事情開始覺得煩躁，不同的情緒全糾結一起。

當我們遇到這種個案時，會讓他理解哀傷的情緒原本就是複雜且多變，即便是輕鬆感都是合理的狀態，告訴他這是因為過去沒日沒夜的照顧，終於可以在事情過後喘一口氣的反應，讓他懂得自己並不是無情的人，使得他們不至於淹沒在罪惡感中。

哀傷是一個調適的過程，每個人的哀傷調適歷程是個別性的。

通常會隨著時間而有不同的哀傷反應，但不會持續停留在某種情緒狀態中太久，而且多種情緒的交錯出現，也是相當常見的事。

在最初失落發生的三到六個月，較會出現明顯且強烈的哀傷反應，之後逐漸情緒的平緩，通常兩至三年的哀傷調適，都是一個正常的歷程。

這個調適的過程中，可以藉由參與一些活動或投注個人有興趣的事物，如旅遊、運動或手工創作，甚至適當的投入工作等，都是幫助自己哀傷調適的方法，多數的人都可以在一段時間後，慢慢的回生活的日常。

喘息咖啡館，和你談談心

面對情緒，學著不去評判它

　　這個時候先不要去批判自己為什麼會有這些情緒反應，先問自己：「如果這就是我現在的感受，那我可不可以先停在這個情境裡面，不去評判它對或錯？」對於現在的無感、輕鬆，或是情緒雜亂的時候，單純接受自己的現狀，不用急著去跳脫它、改變它。不急著去釐清這個情緒是怎麼來的，或者是情緒背後所代表的意義。

　　告訴自己：「我就是生氣了、無助了、矛盾了！」這對深陷在情緒裡面的人來說，是一個很大的挑戰。但這也是接納情緒的機會，對自己的幫助。

我的世界只剩下你……？
破解照顧者的迷思

「我不敢讓病人知道我很累了，本來彼此之間的感情很好，最近關係變得很緊繃。我會覺得他為什麼要一直找我麻煩，很想告訴他：『你不舒服，我也很累啊！我也想要睡覺、我也會餓！』可是我不能……。」

如果把苦硬吞下去，病人並不會因此而感受到更多的體貼，相反地，容易造成照顧者對這份工作感到孤立無援……。

子女在照顧父母的時候，在照護現場並不會有一個像教科書或是考試題目一樣的標準答案，而是一個整體性、連續且持續性的狀態，也就是要同時兼顧身體護理、情緒、關係的維護。

只要病人好，我怎樣都沒關係？

在照顧現場經常可以看見，才處理完一個狀況，緊接著就到了下個時段的準備工作，例如餵食、翻身拍背或是抽痰、換尿布等重複的動作，持續和被照顧者拉扯。

「這期間的子女，可以喊累嗎？」、「面對照顧父母的疲累，如果找人訴苦，會不會被認為是不孝？」、「既然承接了照顧的工作，一定要二十四小時待命嗎？」、「好像全世界只剩下我最懂父母需要什麼了，只能由我來照顧父母……。」

照顧者的迷思，容易體現在各種問題中，期待自己能夠得到且符合一個標準答案。

「我可以不睡覺！」、「我可以去借錢！」、「只要告訴我怎麼辦，一定全都配合……。」這些都是照顧者可能會說的話。

我也曾遇過這樣的例子：一名女兒照顧著住院的媽媽，但女兒本身的體力沒有很好，已經累到恍神、出現黑眼圈，甚至走路都搖搖晃晃，再加上剛好感冒，每當讓她去休息，

她都會拒絕並且說：「沒關係，只要媽媽能痊癒，我就好了。」

很多照顧者會覺得只要把病人照顧好，自己就沒關係，但實際上，如果照顧者沒有把自己照顧好，是不可能照顧好病人的！

當照顧者自己的狀況不佳時，他對病人的需要可能顯得力不從心，也可能會忽略或簡化病人的需求——病人的物品可能會零零落落掉在旁邊，各種照顧細節也可能沒能確實的執行。

只有我最知道他的狀況，沒人可取代？

當照顧者習慣性擔任付出的角色時，也容易慢慢形成自己在提供照顧時的習慣，過度在乎的結果，形成「只有我才知道怎麼照顧他，或他不會習慣別人的照顧。」久而久之，「我的照顧工作是無法有人替代」的迷思就形成了。

所以，周圍的人應主動提醒或關心照顧者，適時提供協助，好讓照顧者可以轉換一下照顧的角色，得到喘息的機會，這對照顧品質的維持是很重要的。

「他的狀況只有我最知道！」當有這樣的想法出現時，也是一個耗竭的警訊。

表面上是展現一種負責的態度，但心裡可能因為過度擔心情況失控，導致自己無法面對，所以只要病人在我手中，就可以避免可能會發生的變化。其實心裡擔心的是：我已經

筋疲力盡，無力再去因應其他的事情了。

　　但實際上，照顧者是應該有喘息時間，在某些時候，由別人來照顧病人，有時候找個照服員協助，或暫時到安養中心，即便只有一兩天，都是一個很好的方式。

　　人總是會有彈性疲乏的時候，放手讓別人來做，當然會擔心別人可能沒有像你那麼懂他，當協助的人可以做到七八成，讓照顧者休息一下，對整個照顧品質來說也是好的。

照顧病人，不能喊苦？

　　這樣的心態通常是擔心如果喊苦，病人會有壓力、是不是自己的能力不夠，或是被誤認為想要逃避照顧的責任。

　　其實，當一個照顧者的辛苦，不只是體力上的付出，還有生活作息被打亂，包括情緒上也常因為病人的互動而受到影響，在這樣的壓力下，「苦」和「累」變成是照顧者的生活寫照。

　　如果把苦硬吞下去，病人並不會因此而感受到更多的體貼，相反地，容易造成照顧者對這份工作感到孤立無援，更加力不從心。

　　有一名家屬跟我說：「我不敢讓病人知道我很累了，本來彼此之間的感情很好，最近關係變得很緊繃。我會覺得他為什麼要一直找我麻煩，很想告訴他：『你不舒服，我也很累啊！我也想要睡覺、我也會餓！』但又得不斷告訴自己，

我不能讓他覺得我受不了了，否則他會有罪惡感，生病已經很可憐了，為什麼還要把這種情緒加諸在他身上？」

事實上，**適度的讓病人知道照顧者已經到達能夠負荷的極限時，病人可以理解，反而可以調整一下自己的狀態。**試著讓病人知道：「我現在需要休息一下！」或者說：「你希望我可以讓你舒服些，但我在想，是不是有其他的方式，可以讓彼此更好？」

跟別人講再多，也沒有用？

照顧者跟其他人互動時，會很容易認為「這是我們家的事情」，跟別人說也沒有用。

「家家都有本難念的經，這是我們家的課題，別人不會了解的。」、「你不知道，你不懂他有多難搞，反正說了也沒用，還不是都靠我在照顧。」這種跟其他人說再多也沒有用的想法，容易讓照顧者更顯得孤立。

很多照顧者是在家屬支持團體中，聽到別人說出了自己的心聲，才發現原來有人和自己一樣，原來光是被傾聽、得到一份支持，就足以讓他在照顧的過程中，重新得到滋養，讓自己得以繼續走下去。

有些家屬會抱持著「我是他的子女，這份責任沒有辦法被其他人取代，所以我抱怨也徒勞無功」的想法，可是我們想的剛好相反，我們沒有要取代照顧者的角色，我們也不可

能取代家屬的角色，但經由傾聽及對家屬的支持希望可以讓
照顧者有充電的感覺，讓他們在照顧的路途中，能夠繼續走
下去。

有時候照顧者要說的苦，並不容易對其他人說出口，比
方說：我沒有能力，或是我有能力但沒有意願，怕自己說出
來的話，會招來別人的指責。這時候，透過較能理解照顧者
狀態的人，或是有專業人員的帶領的支持團體來訴說，會是
一個安全的管道。

你的辛苦，他們能夠理解，也懂得區辨你是在宣洩情緒，
抑或是在照顧過程中，已經到達崩潰的邊緣，極需要被協助。
所以，**找到一個合適的管道，清一清埋藏在心底的情緒垃圾，
其實可以幫助自己在照護的長路上走得更穩、走得更久。**

我的世界圍繞著他轉，完全犧牲自己的生活空間？

在陪伴過程中，有些人容易走入一種「我以他為中心，
所以沒有自己的生活」情節裡。

這是很危險的事情，失去了自己的人際關係，當需要協
助時，頓時會孤立無援，當有一天病人走了，生活的重心就
沒了。

很多子女過去幾年的生活型態就是全職照顧者，除了日
常的生活照顧、借輔具、帶病人上醫院、辦理相關的證明等
等，生活中除了這些以外，沒有自己的人際關係，沒有朋友

也沒有親友的互動。

等到病人即將離世的時候，照顧者會開始覺得慌了，不希望病人走，等到他走了，就什麼都沒有了，世界也空了，他帶走了一切！

為什麼會變成這樣子？一方面是照顧病人本來就花費很多心力，另一方面是認為稱職的照顧者，就必須全心全力地投入，否則會覺得自己沒有盡力。然而，人總會犯錯，照顧的工作不可能會完美。

喘息，也需要學習

照顧者應該有自己的生活，可能在一個禮拜中要給自己設定一段時間，幾個小時或甚至只有半個小時的時間也都可以，去做自己想做的事情，去咖啡店看本書、聽一段音樂、上網追個劇等，給自己一個放鬆的機會，不要把自己二十四小時的時間，全都以病人為中心，缺少了自己生活的經營。

照顧者的喘息非常的重要，「喘息」不僅可使照顧者減輕壓力、減少身體負荷、提升人際社交互動，對於之後結束照顧工作的生活回歸，也很有幫助。

但是，很多人都會忽略掉，原來──「喘息，也需要學習！」在照顧的過程中給自己一些時間，透過申請政府提供的喘息服務，可以從事一些放鬆的活動，例如：芳療、書寫、烹飪，走出去喝杯咖啡，或者參與一些支持性的團體活動，都可

以幫助照顧者放鬆，能夠繼續面對並走向更長遠的照顧路。

照顧者可以透過「中華民國家庭照顧者關懷總會」所提供的關懷專線：0800-507-272，獲得更多的喘息服務資訊。

喘息咖啡館，和你談談心

一段喘息的時間，不要失去自己

在照顧的過程中，學會在內心很壓迫的情況下，幫自己找一個喘息的時段。

整個過程中也要適當經營自己的生活，調整一下生活的次序與節奏，讓自己能夠放下，這是一種學習，學習在生活中、照護中，不要失去自己。

看見內在衝突的抉擇與智慧
情緒困頓的出口

　　長輩需要有人照顧，隨著時間推進，長輩需要幫忙的情況越來越多。

　　以前可能只要一個月去看一次病，現在可能一個禮拜就跑一次醫院了。對子女來講，會讓他們分身乏術，影響到日常生活、工作狀態，需要有心理準備，並預先做調整。

　　面對父母老、衰、死的過程，身為子女角色所要承接的責任，除了面對必然的體力負荷外，還會經歷照顧者內在價值觀或經驗的衝突，在心力交瘁又內外煎熬的情況下，如何幫情緒找一個出口，至少讓負荷不會那麼沉重，這樣的出口，可以避免讓不適當的情緒反應或過大的壓力，壓垮了子女們的生活。

家庭價值觀裡為難的抉擇課題

　　每個人的生活樣貌都是在自己認定的價值上，一點一滴模塑出來。

　　價值觀，常常會影響我們在事物的抉擇，認為某一件事情「應該」或「不應該」這麼做而產生分歧。當違反了自己原有的價值信念時，就容易對事情產生壓力或是負面情緒。

　　面對父母生病時的情緒負荷之一的狀況，便是在病情告知的時候，當中就會有一些情緒矛盾出現，如果家訓是「誠信是做人的根本」，這是從小被教導的價值觀念，此時就會讓他陷入兩難，兒女也不是想要違反從小到大遵守的家訓，而是迫於無奈。

　　所謂的價值其實是隱晦的定義，例如：勤儉美德，這個價值觀念在每個家庭有著不同的定義，有的家裡對於買高級名牌的包，並不會覺得是奢華，可能一兩個可以，買十個便會覺得奢侈；有些家庭會認為只要能裝東西的包就是好包，

不需要買到上萬塊的精品名牌包。

所以，**價值觀在家庭裡面是一種隱晦、不密自宣的行為處事**。當兒女碰到需要告知父母病情時，就會在「誠實告訴」與「善意謊言」兩端不停拉扯。

「我要不要告訴他病情？」不想說謊，卻又不知道該如何告訴病人這個壞消息，在做選擇的時候，壓力很大，除了告知的矛盾，還要加上到底該怎麼告訴他會比較容易被接受？

再者，父母可能很期待得到子女更好的照顧，可是現實總是不會那麼美好，在照顧現場會發生許多變化，當照顧者的能力與父母的期待有落差時，子女就進入了一種天人交戰，怎麼誠實告訴父母：「我還需要工作，沒有辦法像你期待的那樣，花那麼多的時間來陪你。」但如此一來，又面對無法達到父母期待的壓力，現實與理想的拉扯，便會在心中一直累積，直到承受不住。

探索情緒的根源，有時需要回到家庭的歷史追溯起，便會發現之所以有這些情緒，基本上都歸結於家庭對某件事情的一個「期待」──對女兒的期待、對兒子的期待。因此，情緒的來由，也可以回到家庭規則、價值觀中去找尋。

過往的關卡，演變背後的束縛

還有一種狀況是過往沒有談開、解決的事件，累積至今，衍生出現今的心結。

　　很多子女卡住的其實都是過去的小小事件，當小事件、小誤會沒有講開來，便會影響到後面的狀況。所以，我常常也會聽到這樣的對話：「你們有什麼深仇大恨，都到這個時候了，還在鬧情緒？」

　　其實，常常是在過往有某一事件，擱在彼此心中沒有講開，就像是有一個梗放在心中，上不來，下不去，時間長了，也不知道該怎麼解開，最後導致關係裂痕。當這個時候，如果又得承接照顧父母的責任，在關係不好的情形之下，便會造成很大的負擔。

　　過往的事件就是情緒的起點，造成情緒負荷的緣由，其實有脈絡可循，重點是自己準備好要去談它了嗎？情緒的產生當然是很複雜，帶有一些怨、憤怒或矛盾的時候，先不要去批判自己有負面情緒是不是錯誤的，但可以從過往去探討某些情緒的點（可能是怨、矛盾、憤怒），重新看見過去家庭事件或過程當中的影響。

面對未來，接受人生的大考

　　那麼，這樣子的情緒與壓力，接下來的照顧過程中，該怎麼走下去？

　　問題還沒有解決，長輩還是需要有人照顧，隨著時間推進，長輩需要幫忙的情況越來越多。以前可能只要一個月去看一次病，現在可能一個禮拜就跑一次醫院了，甚至可能需

要急診的狀況。這對子女來講，會讓他們分身乏術，影響到日常生活、工作狀態，需要有心理準備，並預先做調整。

不管是時間、經濟、生活層面，都需要開始著手調整，這時就會產生壓力。有些人會慌亂著不知從何安排，尤其是子女本身要上班，或是有自己的家庭要照顧，根本沒有多餘的心力或是空間再去安排調整。

有些子女甚至因此不想面對，而是選擇逃避的態度，把問題擱置在旁，反而讓問題越來越棘手。他們之所以想要逃避，可能是認為自己沒有辦法承擔照顧的責任，想不到解決辦法，被問題困住了，所以子女可以怎麼為這個難關解套呢？

其實，這個時候反倒是很好的時機，可以做些功課，去認識平時不會注意到的社會福利。

此時把「逃」的心情變成「認」的態度！我們文化裡的「認」，其實帶著一種對命運的接受與豁達，表示是去接受問題，有了面對的態度，才會帶出解決問題的行動力。

現在各縣市政府都有成立「長期照顧管理中心」，提供長照資源諮詢，如果需要申請居家服務、送餐服務、喘息服務等資源，都可以透過這個資源來連結，或是直接撥打一九六六的長照服務專線，由專人來協助說明或提供照顧的相關資訊，可以讓照顧者建構有支持的網絡及喘息的空間。

每個人面對壓力的方式不同，有些人勇於迎接挑戰，有

些人需要一段緩衝的時間來調整與準備。有時面對壓力時的千頭萬緒，可以藉由收集不同人們的經驗，做為轉念或轉化的參考。

面對承接照顧長輩越來越重的負荷，家人間可以採用分工的方式來因應。有時間的人提供直接性的照顧，若因為工作時間不允許，則可以透過搜集照顧資訊或接替喘息照顧的方式來參與，對整個家庭與成員之間也是很大的幫忙。

家人間坦誠溝通照顧工作的承接與方式，適時的分工及體諒，才能在這場照顧大考中，順利過關。

喘息咖啡館，和你談談心

逃避，可能也是資源的入口

與其說逃走，倒不如說是，當要找尋出口的時候，其實往反向來看，它也是一個資源的入口。

每個情緒在不同的階段，跟經歷都有一定的關係，當遇見情緒問題時，可以找尋自己接受的方式去做整理，除了看見情緒，不批判、學著接納之外，也許可以從過往事件的整理，同時也供此時情緒的調整。

Chapter

4

告別時刻

送走親人，
找回真正的自己

早年的房子常有圍牆，圍牆上方常會有鐵絲網，哀傷過程就像一個鐵絲網的迴圈。

　　在經歷失去的痛苦，引發了層層疊疊、過往與當下的情緒，接著在調適的過程當中，找到自己的意願、改變的動機和方向，最後才長出自己新的生活樣貌。

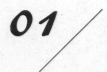

你是怎麼照顧的？
平息紛至沓來的壓力

雖然可能知道，再治療下去也是無效醫療，可是內心複雜的情緒，加上親友的期待，雙面夾攻的情形下，子女的立場是非常為難的。

於是，一句「救到底」常成為子女在壓力下倉促的決定！

當子女年紀還算年輕的時候，他們其實不會去預期，也還沒準備好要去承接父母的離開，或者是父母的病重。

子女尚未準備好，可是父母卻因為病重，改變了家庭原來生活的節奏和功能，如果要面臨生離死別的重大情況時，就會產生糾結，若是後來病情有了轉圜的空間，連帶情緒的張力就會延後或是放鬆。

壓力，造成「早知道」的遺憾

越接近告別時刻，越會讓子女慌了手腳，可能是因為年紀尚輕，還搞不清楚狀況，可是父母突然罹患了急症或是病情發生變化，當下，子女承接的不僅是自己的情緒壓力，也包括與父母關係的拉扯，同時可能還要承接來自與父母同一輩的長輩們的壓力、親戚朋友的壓力。

很多時候，子女處理這種狀況時，只知道壓力很大，卻無法分辨造成壓力的原因，或是察覺壓力對自己的影響。如果這時候又遇到要進行醫療的決策時，往往會不知所措，只想要逃離這個情境。

於是，最常見的是**選擇用積極的治癒性治療去賭一個期待**，期待在這樣的治療下，病患的病情可以好轉。

只是，很多時候長輩還是抵不過病魔的侵襲而離世。接下來一段時間，子女再回過頭看的時候，通常會得到一個結論：早知道當初應該早點放手，免去他多承受一次折磨。

這又是**一個「早知道」的遺憾**。

所以，我們假設回到事發當下，壓力形成的原因，可能是親友提出「你是怎麼照顧的？把你爸照顧成這樣？」的指責，或是「要把你爸救活，你阿嬤還在，可不能讓白髮人送黑髮人，不可以讓你爸就這樣走掉！」的期待。

「救到底！」真的就能渡過難關嗎？

對子女來講，他們各自都有生活壓力，還有父母的病況，同時還要面對其他長輩的壓力，這樣的情況下，他們會生出一種心情——希望事情不要發生，然後就會開始想著「如果父母可以活下去，能夠不走掉的話，也許我現在就可以解除其他長輩對我的指責。」當然也可以解除自己處在面對醫療抉擇的壓力。

雖然他可能知道，再治療下去也是**無效醫療**，可是內心複雜的情緒，加上親友的期待，雙面夾攻的情形下，子女的立場是非常為難的。於是，**一句「救到底」常成為子女在壓力下倉促的決定**。

只不過，後來才會發現，過了一關還有一關，選擇了之後還需要面對重重的難關，只是，想回頭再重新抉擇一次，卻不一定有當初的契機了。

有時候，家屬間不一致的意見，對醫療團隊而言，並沒有辦法給出一個清楚確切的答案，或是力挺某一方，協助解

決他們的紛爭。

　　每個人都有各自的立場與角色，醫療團隊可以做的只是協助安撫家屬們彼此在對話時的情緒，不至於讓情緒無止盡的膨脹，適度地緩和情緒與緊張氣氛。

　　有時候可以請醫師協助做病情說明，但有時候病情說明也只能幫忙釐清病人的現況，讓混亂的家屬們在討論時有些聚焦重點。當然也有可能在病情說明之後，同時引發一些情緒上的反應，例如：預期性哀傷。

　　有時候，長輩及親友他們自己也不知道該如何去面對，只能把情緒轉移到兒女的身上，要孩子多做些事情，例如：請什麼有名的老師來、求什麼……，或者該怎麼安排後事等，用意見及建議來表達他們的關心，卻忽略了兒女的處境及心情。

安心伴老，照顧中場停看聽

被長輩指責，兒女的照顧壓力

「你是怎麼照顧你爸的？照顧到住進醫院？」

「你一定要把你爸救起來，可不能讓你奶奶白髮人送黑髮人啊！」

從親戚朋友口中說出來的指責、期待，全都壓在我面前這位年紀不大的男孩身上。

◆我們能做的，就是珍惜當下

我試著去釐清這些長輩與病人之間的關係，是什麼原因讓他們的連結那麼深。最後可以得出了個結論，可能病人是家裡最成材的，是家裡長輩最看重的小孩，所以家人認為只要他好，老母親就會好，大家也都很好。

這種思緒是牽連著上一輩的情感，雖然知道了他們內心所想，但還是得回到現實的狀態，他們之所以對病患有所期待，表示他過去是一個優秀的人，可是過往這樣優秀的存在，可能會轉變成如今的一種遺憾，而這個遺憾需要大家努力接受。

然而對年輕的子女而言，這是第一次面對親人躺在病床上、第一次面對親人的生老病死，他甚至不知道自

己可以說什麼、可以做些什麼。

　　這個時候的病人一定會很不舒服，也無法開口講話，所以，如果可以，先讓子女「不忙」，所謂的「不忙」指的是避免他一直被親戚長輩們要求：「你拿這個東西給你爸爸吃啊！」、「我聽人家說這個東西效果不錯，你幫你爸弄一下，看有沒有效。」等情況發生。

　　這種情況下的「忙」，其實很多都是無濟於事，因為病人也吃不下，硬是讓他吃，對病人的病況來說，也是不好的。所以，先讓子女的心靜下來，不再感到慌亂，讓他知道其實我們能再為病人做的不多，相對地，卻是去把握、珍惜剩下的短短時間。

　　◆**學習不同角色的應對**

　　有時候我們需要幫忙他去照顧病人，先讓子女知道在這樣的情況下，他可以幫上什麼忙。比如，病人很喘，可以換個姿勢，或是有什麼方式，讓他的喘先緩和下來。

　　等一切都回到正確軌道，大家的情緒也都平穩下來後，這才可以好好地傾聽其他長輩對病人的想法、感受

和遺憾。他們可能需要面臨如何跟老媽媽告知這件事情的困擾。所以用陪伴去疏導，讓他們了解要如何承接遺憾，以及即將而來的失落。

家族，情感的支持及傳承

每個家庭對於家族的界限是不一樣的，有的家族很在乎輩分，有的家族對長輩來講只是個形式，這就形成了不同家庭都有各自的做法與氛圍，各家有各家的方式。

我們所能夠做的，只能提醒當現場陷入混亂時，子女的壓力不見得只有照顧病人，還包括其他長輩的意見或期待。

現今年輕一輩，很多人跟所謂的家族連結沒有那麼深，可能只有過年過節才會團聚，有的可能連團聚都很少，甚至連照面都不曉得名字。

因此，對現在的年輕子女來說，親友輩分的觀念比較淡薄，常常沒有注意或是不知道怎麼去拿捏界限。

其實，從另一方面來說，如果大家的意見可以互相尊重，在重大的壓力下，能夠有親友或來自於其他長輩的支持與關懷，將會帶給子女極大的情緒支持。這是社會的連結，也是

讓子女重新看見家族的樣貌，甚至瞭解更多屬於家族的故事，而這樣的事件也造就了家族代代傳承的契機。

喘息咖啡館，和你談談心

親友的尊重與支持，正是照顧者所需

角色及立場的不同，使得許多事情溝通起來會有些困難。

關於病人的病情與醫療若透過醫療人員來說明，會比子女直接去面對親友長輩來得容易。然而，很多時候身邊不一定有專業醫療人員，所以子女便要顧及身為晚輩角色的應對。

另一方面，如果親友可以體諒子女在面臨重大的壓力下，如果能夠有親友或來自於其他長輩的支持與關懷，將會帶給子女極大的情緒支持。**不必堅持選擇採用積極的侵入性治療方式，讓病人經歷無效醫療的折磨**，也是未來再回過頭看時，避免得到「早知道當初應該早點放手，免去他多承受一次折磨。」的遺憾。

風雨欲來
臨終時將面臨的課題

　　對一個還沒有經歷、準備面對長輩死亡的照顧者來說，他會感受到壓力，會覺得恐慌，開始不停思考接下來會變成怎麼樣？我又要準備什麼？

　　這時開始有一些跟外界互動的元素進來了，包括家庭的界限、家庭的權力，甚至比較社會性的問題，例如：遺產、後事準備儀式等，這些議題由誰來開啟呢？

前面章節都在提父母的老、衰、病，這是每一個人年老了之後，都會經歷的一段歷程，而風雨欲來就是子女將面對父母的離世。

死亡的過程──老、衰、病

死亡是一個過程，經歷老、衰、病，最後死亡。這段過程就好像是天氣，有時變化得很快，明明剛剛才晴空萬里，接著便發現烏雲滿天，接下來開始起風了，又打雷了，雨一滴、兩滴、三滴越來越快，最後瞬間傾盆大雨；有時候又整天陰霾沉重，以為快要下起大雨，最後連一滴的雨水都沒有掉下來。

如果是生病一段時間，死亡來臨之前，可能會因為疾病的症狀，開始更加頻繁進出醫院，逐漸開始無法正常進食，接著可能發生感染、水腫、腸阻塞等。整個人呈現虛弱的狀態，這些症狀都會是一段時間慢慢變化，症狀越來越棘手，這就是所謂的「疾病進展到末期」。

這時對於長期的照顧者來說，也可以感覺到病人跟以前不一樣了。但是對一個還沒有經歷、準備面對長輩死亡的照顧者來說，他會感受到壓力，覺得相當恐慌，開始不停思考接下來會變成怎麼樣？我又要準備什麼？

這個階段的重心，除了對長輩的照顧之外，開始有一些跟外界互動的元素進來了，包括家庭的界限、家庭的權力，甚至比較社會性的問題，例如：遺產、後事準備儀式等。這

些議題由誰來開啟呢？家屬心裡都知道病人狀況不太好，因為病人跟他們互動的能力越來越少了。

輕聲說句問候，對病人的尊重

很多時候親友探訪正好見到病人昏睡，因為不知道病人是昏迷還只是睡著，測試的方式就是將病人叫醒，等病人睜開眼後，便會問：「你知道我是誰嗎？」病人若是回答正確，家屬就會放下心來。但是，**為什麼不讓病人可以好好地休息，不要去打擾他呢？這種習慣性地確認病人的狀態，對訪視者的意義可能大於對病人的意義。**

訪視者的心裡會有些安慰，對他們而言，不知道該如何跟重症病患互動，該怎麼表達對病人的關心？當下面對的不再是過去那個熟悉的樣貌，想說出口的話，卻是如鯁在喉，只好把人事時地物一一地拿來詢問。

其實，探望本身就是在表達關懷，尤其對重症的病患而言，探望他的時候，靜靜站在旁邊給個微笑，輕聲地說句問候，當病人在休息時，留個來訪的小卡，如果病人是醒著，精神狀況比較好的時候，就陪著他多聊幾句，這樣的探視禮儀，才是對病人的尊重。

因緣俱足，終能善終

回過頭來，為什麼面對病人病況不好時，有些長輩會出

現並出手干涉？因為有些事情的決定不再只是那麼單純，牽涉的事件層次又更廣了。比如說，病人本身還有一些自己的事務沒有完成，可能是牽涉到經濟上面的債務，如房子或財務；可能是他在人際關係或婚姻上面，還有未處理好的事情，影響所及便是家族的界限了。

因為一旦病人往生之後，身後事要怎麼處理，欠債、欠情、留情、留錢都是一個要接著處理和面對的事情。因此，**善終準備其實是一個人際互動的藝術**，能夠善終是最美的祝福，所以要說因緣俱足才能善終。

越是接近病人臨終的時候，家庭互動的張力越大，原本很多在照顧或過往相處的情緒、人際議題、存活時間等，本來隨著時間及病情的變化，已經限縮在小小的病床上面了，可是在告別來臨的時候，突然整個張力又爆發了，就像天女散花一樣，所有未被解決或是隱藏的問題，全都再次蹦開來，這個時候要救不救？要救到什麼程度？不救要什麼時候放手？後事要怎麼處理？財產來不來得及處理？家裡面到底該由誰來作主？上述所提到的問題，都可能衍生出新的議題，持續被討論。

面對病人臨終階段可能遇到的議題，有些家庭可能在平常互動當中，慢慢就有了解決的默契，或是確認了分工。例如，接下來後事由兒子去處理？醫療由女兒負責？親戚朋友

的聯絡可能是由兒子出面去告知和溝通；有些家庭是會將問題先盤點，然後分工進行處理。

家庭動力的轉變，也在這一段時間中，隱隱地進行。

喘息咖啡館，和你談談心

自己選擇醫療決策，避免子女左右為難

　　現在社會結構轉型，家庭逐漸形成少子化，於是臨終階段面臨的問題，子女不一定都能夠承接下來，所以很多長輩開始有事前規劃，或安排事務的概念，例如**近年政府推動的《病人自主權利法》，以及更早之前《安寧緩和醫療條例》，就是協助大家在末期醫療決策的時候，自己可以先表達意願**，當生命走到末期或臨終的階段，面對醫療的抉擇，我們可以有權利為自己選擇想要的醫療模式。

　　如果父母可以事先跟子女溝通好，那是不是協助子女在做最後決定的時候，可以有依循的方向，或者可能有其它的長輩親友在關心的時候，子女也比較容易跟他們說明，避免了紛雜的溝通及可能產生衝突的干擾。

難清的家務事
開啟彼此尊重的對話態度

　　在臨終階段，有一種可能是相關的人都各自在受傷的關係裡，拒絕再去承接最後的照顧。

　　有時，關係人也會在這時出現，子女在這個時候的角色會變得很尷尬，可能同時要面對他不熟悉的家庭成員，那又是另一個壓力的衝擊。

有些父母在人生的早年階段有自己的人生際遇，有些人可能有一段以上的婚姻，他們也可能在各種情況下導致婚姻結束，之後可能有同居伴侶，但是沒有婚姻關係，有些可能在因緣際會中，處處留情，還有了非婚生子女。

不熟的關係人，壓力的衝擊

在臨終階段，有一種可能是相關的人都各自在受傷的關係裡，拒絕再去承接最後的照顧。有時，關係人也會在這時出現，子女在這個時候的角色會變得很尷尬，可能同時要面對他不熟悉的家庭成員，那又是另一個衝擊。

他可能知道，父母曾經有過的事件，但並不是十分清楚來龍去脈，只是以前他不用介入其中，這時候子女反而變成關係中的當事者，突然要去協調複雜的關係及事務，面對陌生的人，談家庭裡很深入的議題，例如財產，或對身份角色的承認等，互動對象可能與他同輩，比如說不熟的哥哥、姊姊、弟弟、妹妹，也有可能是不熟的叔叔、伯伯、阿姨。

若是年紀稍大的子女，因為出社會久了，人生的歷練也夠可以懂得一些狀況，所以彼此之間也盡量會保持一定的協調空間，避免發生極大的衝突，反而讓事情變得更加棘手。不過，也有可能發生另一個狀況，子女要維護自己這邊的長輩，像是他的媽媽，就有可以會堅持一些原則，導致事情無法順利進展。

站在病人立場，背後的家庭支持

重點並不只是最後目的有沒有達到各自的期待，而是在整個過程中，怎麼讓互動啟動。因為過去彼此幾乎是沒有聯繫、交流的狀態，即便是要互動也會尷尬，顯得很沒有必要，可是在病人人生最後階段的時候，他們不得不面對了。

不管當下各自的闡述到底是客套，還是真實，至少在對話的過程當中，回到病人的立場，他們面對的可以不是一個衝突的情景。我們期待的是如何讓風雨欲來變成輕風細雨，而不是傾盆大雨。

風雨欲來，你會看到烏雲滿天，可是這個烏雲滿天的過程，到底是要變成淒風苦雨還是細雨霏霏？總之盡量不要變成可怕的狂風暴雨，導致整個家庭受到更大的摧殘。

因此，我們的出發點永遠都是——希望病人有人照顧，同時也避免病患在這個階段的家庭支持遇見衝突或潰散。

喘息咖啡館，和你談談心

到時候再說？死結早已解不開

很多人會覺得等事情到了再說，可是往往事情發生了，早就已經纏在一起成為死結，到那時候要去解開其實更難。很多家庭並不是不去想要解開這個死結，而是事情就是卡在那裡。

總會有人想著反正事情到哪裡就做到哪裡，留情或是欠情的情況都有可能。情是一個不具體的東西，可能病人揮揮衣袖轉身走了，但家屬心中還有說不出口的不捨，或者在哀傷中夾雜著複雜的心情，難以言喻。

如果需要處理的是比較具體的錢或事物，比如後事的安排，有些是一定要什麼形式、一定要放在哪裡。每一件事物，都有每一個面向，每一方的心情，怎麼去顧全，又會是另一個難題，考驗的是處事的智慧，也要**具備包容的心胸，對於牽涉其中的當事人應有的尊重。**

04 /

走出悲傷
失去親人的哀傷調適

　　哀傷不是只有失落，它也會帶來成長，
也就是在經驗一個失落的任務。

　　在經歷哀傷的歷程中，會經歷幾個階
段，感受到那個人真的離開了，也會感受
到很強烈的悲傷情緒，會不由自主地大哭，
甚至會有很強烈的憤怒感、焦慮感。同時，
也會發現在日常生活中，逐漸習慣沒有那
位親人的日子。

父母離逝，是人生中極為悲慟的事件，所謂「樹欲靜而風不止，子欲養而親不待」，子女怎麼在哀傷中找到力量，重新再站起來，是一個大家都需要了解的課題。

哀傷是一個適應的過程

其實哀傷是一個適應的觀念，很多人都會問什麼時候才可以從悲傷中走出來？**「走出來」是一個形容詞，但其實哀傷是一個適應的過程**，它跟生活是交雜的，它是一種綜合的情緒狀態，背後的本質是失落。

我會把喪親的影響，視為是一個重大失落事件，也就是怎麼在生活裡面處理失落對於生活的影響。

哀傷反應並不是二十四小時都處在哀傷情緒中，情緒是配合著在日常生活當中的行為，多年前曾看過一部電影《父後七日》，雖然因為劇情的效果，情緒表達更為誇大，還是可以看見哀傷調適的面貌。

親友在進行告別式的時候，還是有輕鬆的時刻，和悲傷的情緒脫離，但如果突然面對到某個情境，悲傷的情緒又會被引發出來，這個情緒也是真實的呈現，等過一段時間後，好像又會回復了。

《父後七日》電影中，子女在告別式之後，很快回到原本的生活。然而，在一剎那，因為某種情境又勾起一陣的悲傷情緒，然後眼淚就不由自主流下來了，這就是一個哀傷情

緒反應的寫照。

哀傷也會帶來成長

　　哀傷情緒並不是持續停留，它其實會跟生活交錯。一方面內心在經歷著哀傷的歷程，一方面還有正常的生活節奏，所以在我們的概念裡面，**哀傷的調適是一個擺盪的狀態，在哀傷事件與生活復原中遊走。**

　　哀傷不是只有失落，它也會帶來成長，也就是在經驗一個失落的任務。整個哀傷的歷程中，大抵會經歷幾個階段，感受到那個人真的離開了，也會感受到非常強烈的悲傷情緒，讓人不由自主地大哭，甚至會產生極度強烈的憤怒感、焦慮感。同時，也會發現在日常生活中，逐漸習慣沒有那位親人的日子。雖然，那份失落其實一直都在。

　　不用在半夜起來幫他翻身拍背、不用在生活中幫他準備食物，不用再特別安排時間出來帶他去醫院……，當回想過去這一切的辛苦時，同時存在著兩種截然不同的心情，一方面為了親人的離世而傷心，想到再也不能為他做這些事情，但同時又開始習慣一種沒有對方的生活。

　　以前覺得是苦的事，現在突然沒有了，甚至也有一種輕鬆感，生活不再受困於提供照顧的情境中，然後自己會慢慢地再把這些時間，用其它的事務填滿，開始走出自己的生活樣貌。

因此，也會試著給自己經歷的喪慟一個詮釋，很多時候會是**對經歷的這一切懷抱感激，體認逝者用他的生命給予的教導，也可能學會更謙卑的去包容或接受生活中的不順遂，**不同以往對雜瑣事務的抱怨態度，開始試著對小事好好做，煩人的事慢慢做⋯⋯，諸如此類的心境轉變。

重新學習，找回自己的生活

從不同的面向去感受在經歷悲傷的過程中，可以怎麼找回自己。

除了悲傷之外，在生活中可以透過感受、可能的回憶、整理，或者是重新學習，因為要找回自己的生活、填補空缺，在失落跟復原過程中，開始去找自己的重心時，有一些內在的力量就出來了，會想要重新找回自己的節奏，生活想要安排的事物。

找回自己並不是一個步驟，不像報名一個才藝班，報了名就有了學號、新的身份一樣，可以把自己找回來。在做出轉換沈溺哀傷的生活模式的決定之前，必須先找出想要克服的目標，有時候當你沉浸在失落或悲傷之中，生活是缺乏改變的動機，你不會想要做什麼事情，甚至只想要逃開人群，因為那些人那麼吵，我的心情根本跟不上，我還處在悲傷當中。

所以，陷落在悲傷中的人要走出去，這個過程可能就得經歷一段時間了。

有了改變的動機之後，並不是想改變就可以改變的，像
是報名才藝班，你還要找到課程，有時候開課的時間沒辦法
配合，有時候要克服距離或交通的不便性，以及自己是不是
有意願下決心去上完整的課程。所以決定改變後的執行力也
是一個挑戰，當中會有很多的小改變，但最終的目的是必須
要改變過去這一段失落期間的生活型態。

哀傷過程就像一個鐵絲網的迴圈

早年的房子常有圍牆，圍牆上方常會有鐵絲網。受困的
掙扎當中，就像圍牆上的鐵絲網迴圈，在經歷失去的痛苦，
引發了層層疊疊、過往與當下的情緒，接著在調適的過程當
中，找到自己的意願、改變的動機和方向，最後才長出自己
新的生活樣貌。

因為像迴圈，所以有時候會感覺好像走出來了，又好像
沒有。比如在上課的過程或在找工作時，會不會有工作適應
的問題、會不會有身體真的好累，應該要再休息一下的想法，
所以他的心又再退縮回去，把自己又關進哀傷的世界。

正常的哀傷會有一個時間段落，從幾個月到一兩年的時
間，哀傷的感受會慢慢減弱，哀傷雖然會在生活中穿插，但
回歸到正常的生活層面也會越來越多。

只是可能某一個時間，比如清明節，那份感覺又回來了，
等到節口過了，又將回到日常；到了母親節，失落的感覺又

回來了。慢慢地會發現到，怎麼突然之間，已經好幾天沒有想到親人了，不像是剛經歷失落的期間，不論是吃飯，還是早中晚都會想到。

哀傷還有一種情況，當有一個失落事件即將要發生，對這個即將發生的事，在情緒上出現了類似事情已經發生了的反應，我們稱之為「預期性哀傷」。有時候，**預期性哀傷的情緒反應甚至比實際發生時的失落情緒，要來得更強烈**，例如：焦慮感、憤怒等等。

「我和爸爸討論過，他是接受不急救的，但他上個月住院，也是這樣，後來就好了，為什麼這一次要放棄他？」家屬很難放手，預期性哀傷的反應，讓她陷落在很大的壓力中。

但預期性哀傷的反應，也讓我們對於即將而來的失落，可以有一些準備，雖然它是無法取代，也無法推論預期性哀傷對日後的哀傷調適幫助為何。

然而，**缺少社會支持的人，可能會陷落在悲傷裡面**，我們曾經看過新聞報導，有一名孫子因為沒有辦法面對阿公的離開，後來他在阿公的墳墓前面輕生。在他輕生時旁邊擺放的是阿公的照片，家屬說他在阿公走後一直走不出來，因為他是阿公帶大的，已經好幾年了，他常常會自己來阿公墳前，這次家屬也以為他只是來探望，但沒有想到因此走上絕路。

所以，哀傷的調適過程都會有一段時間，然後慢慢回復，可是如果哀傷調適太久的話，就變成慢性化的狀態了，最後

形成病態的悲傷或複雜型的悲傷。

持續性的哀傷，背負早期的失落

　　一般人只會感覺到他是悲傷的，但其實他可能在哀傷過程中，有其他更深的悲傷，需要整理或協助重新理出一個失落的意義，然後承接失落的意義性。

　　也許對那位年輕人而言，從小沒法和其它小朋友一樣有爸爸媽媽在身邊，就是一個失落，但因為有阿公的陪伴，也從來不提那部分潛藏脆弱的自己，直到阿公離世了，彷彿自己一直依靠的世界也被摧毀了，不見得只是不願意面對阿公的離世，而是還有連帶著一直以來的失落，一併翻湧而上。

　　從認知到失落事件本身，他要去處理怎麼去面對情緒、怎麼去面對沒有親人存在的生活、有沒有可能重構自己的生活，這幾個重點任何一個部分卡關了，都有可能讓他一直陷在那個悲傷裡面。

　　還有些人的悲傷中，帶著遺憾或憤怒，比如說他一直不接受長輩的離開，覺得這當中一定有什麼差錯。

　　很多家屬跟醫院之間有很緊張的關係，因為對於親人就這樣走了這件事，一直過不去，他一直想要去了解當初為什麼明明是入院治療，怎麼竟然就走掉了。家屬不斷地去探索，不能接受親人就是病了、老了，在醫療的限制上，無法讓他延續生命。

家屬會覺得一定是哪個環節出錯了，在情緒當中走不出來，一直持續陷落在情緒裡面，但背後屬於悲傷的情緒議題，卻不容易被看見。

延宕的哀傷，特殊情境下的情緒負荷

「我快要傷心死了！」這句話很常在悲傷中的人口中聽見，正常來說，當不好的事情發生時，會有悲傷、緬懷、傷心欲絕，暫時把自己的心封閉起來，會有一段時間是沉浸在悲傷的情緒裡。

但一般來講，要傷心到尋死的程度，不是那麼普遍。

有許多中年子女面對長輩離開之後，他們的悲傷情緒無處宣洩。雖然他們有自己的生活，而這之中也會有許多的社會互動，但是這些社會互動可能是建立在工作方面，即使是朋友之間，恐怕也很少會談論到這個議題，頂多在事情發生之後，給予一些口頭上的安慰與慰問。

所以，這些人會認為在朋友、同事面前，不好提到這些話題；有些人在日常生活中，需要表現出獨當一面的形象；有些人需要在孩子面前展現可靠的一面，可以處理生活中一些紛至沓來的壓力，只能自己吸收這些情緒。

所以，中年子女在承接失落喪親的壓力，這些具有重量的情緒，自然需要花費許多心力去負荷，有些人就會透過忙碌，試著逃避應該要面對的悲傷。然而，逃避可能會演變成

延宕的哀傷。

「延宕的哀傷」指的是哀傷在喪親的早期沒有顯露太多的悲傷，可能是壓抑，或是當時有更重要的事情，讓他必須忍住傷慟，可是事隔一段時間後，突然發生了一起小小事件，勾起了那份當年的失落，最後情緒整個爆發、強烈地宣洩出來。

中年子女因為在社會上的扮演中堅的角色，或有某種身份地位，在事發時可能有某種因素導致不大能將情緒好好釋放出來，而用壓抑的方式處理，便形成了延宕的哀傷。

有時候，這些人自己也說不出來，爆發的悲傷是因為何事，再往前追溯，他才會聯想到：「其實我在父親走了之後，就再也沒有哭過。」直到這次母親住院之後，因為再次進到醫院，深藏在內心角落的悲傷情緒才被喚起了。

家庭可以成為一個人支持的力量，因為大家同時經歷了這件事情，如果家裡面的人可以坐在一起，面對面地談論這件事，其實可以幫助家中的人快速從悲傷中走出來。

喘息咖啡館，和你談談心

長期陷在悲傷中，心理諮商提供幫助

靠自己調適悲傷，當然是很好的一個狀況，大多數人的悲傷也都是這樣慢慢找到一個調適的方向及出口。可是一旦陷入複雜性哀傷，事隔那麼久，重回屬於自己生活的面向跟時間本來會越來越多，但一兩年之後，如果還持續著很深的失落情緒裡，周圍的親友都已經回歸到正常的生活了，但他還繼續沉浸在哀傷裡，周遭的親友若是觀察到這個問題，就可以給予一些關懷、支持，可以跟他聊一聊天，必要的時候，也可以藉由接受心理諮商給予協助。

有時候本身比較敏感、焦慮比較重、本身氣質比較多愁善感，或是近期壓力承受力已達到飽和的人，可能在悲傷情緒的承接就比別人來得多與重，那透過精神科給予一些藥物，來幫助他提升面對這個時期的身心壓力的負荷力，讓他情緒承接的承受度比較多一點，也是可以改善的。

Chapter

5

生生不息
那些打我不倒的，
將使我更堅強

家庭經過重大事件之後，會在這樣的事件中一次、兩次，慢慢地回到一個整合，也許不是那麼緊密，可是會發現大家對於這個家還是有一定的認同。

　　雖然互動頻率跟互動形式有所改變，但家人還是繼續在這個家庭裡面，這就是家庭中扯不斷的韌性。

關係韌力
家庭重組與復原

　　家庭傳承下來的凝聚力，在這樣的角色轉換中，扮演了穩定的力量。

　　凝聚力越好的家庭，成員在適應新的角色上，越可以得到支持。

「那美好的一戰，我已經打過了。」這句話可以放在病人身上，因為他的這一生圓滿結束了。不過，這句「圓滿」是我們用什麼角度來看。

如果參加告別式，就會發現大家對逝者追思時，會給予一些肯定逝者這輩子的事蹟，尋找此生的生命意義。

親人逝世，家庭的重組

然而，對於子女而言，送走了老人家之後，人生的仗還是得繼續打下去，也就是他們的人生需要承接的課題，依然正在進行中，還是得繼續奮鬥。

還記得我們在一開始有講過，家庭是一個系統，當某個角色離開後，這個系統一定會在某個時段裡面，有些運作上面的失常、停滯、不順利，甚至混亂。接著家庭成員的角色也會重整，以前做決定是由誰、怎麼做，現在應該換由誰去做決定。

當大家在專注於後事處理時，家庭動力其實已經默默發生了轉換，**新的決策者、新的家庭規則、新的同盟關係，都會面對轉變後的適應期。**

有些成員的角色加重了，他能不能承擔？當負荷過重時，家庭裡是轉換另一位成員承接，還是大家願意用包容及接納，跟著來調整各種家庭關係及角色的轉變。

家庭傳承下來的凝聚力，在這樣的角色轉換中，扮演了

穩定的力量，凝聚力越好的家庭，成員在適應新的角色上，越可以得到支持。相對地，如果家庭原本整合的功能不強，那麼這個時候成員間可能就會以衝突、逃避等消極的方式，干擾整個系統。

家庭在失落的狀況當中，重新建構新的節奏跟腳步，以及它的系統運作。雖然老人家在離世之前，社會互動能力雖已經減弱了，但不代表他沒有社會功能了。

老一輩親友彼此間的情感關係仍是深厚，彼此緊密程度通常多過於下一輩，之前那些看似平淡的親戚、人際互動，其實代表的是家族深厚的連結。

舉個例子來說，掃墓的時候，往往只是由長輩出面帶著大家一起前往墓園，早期祖先都是在某一塊地，並沒有明確或明顯的位置，有時候是靠著長輩的帶引，告訴我們是在哪一區的哪裡。然而，現今大多都是塔位管理，就比較無法突顯家族活動中的傳承功能。

成員的失去，家族情感更緊密

類似這種生活上面的事件，在現今的社會中經常發生，這時才會發現原來與親友之間的聯繫淡薄了。

今日，當婚喪喜慶需要聯絡親朋好友，這些長年未見的人該怎麼聯繫？老一輩的長者不一定都有通訊軟體，因此他們多半還是藉由電話聯絡，以前都是爸爸媽媽在聯繫，此時

換成自己，可能連對方要如何稱呼，都還要想一想。

這些看似可有可無的社會脈動、社會網絡，對於生活有著某種層面的影響，所以當家中負責維持著親戚網絡的長者離開後，這個部分將會全部打散或重整。

每一個家庭都是世世代代的傳承，每一個人也都來自家庭。

面對長輩老衰死的過程，**家庭的力量很多時候導向問題解決的任務形式**，例如在哪裡舉辦告別式、剩下的問題該怎麼處理、該如何分配工作，這些都是一項項的任務，需要一個個解決。

結束告別式之後，緊接著就是家庭的重組，除了大大小小的事務要處理之外，另外一個任務是重新情感連結。

有些家庭在長輩走了之後，關係變得更加緊密，因為感受到家庭成員的失去，於是，對家人之間的情感便會更為重視，更珍惜家人間相處的機會，可能會互相約定每年要聚會幾次，或要一起出去旅遊等。

扯不斷的家庭韌性

家庭裡面具有一種無形的復原動力，假使家庭成員分開了，並不代表永遠不再往來，只是各自回歸到原本的生活圈，比如說四個兄弟姊妹，當長輩走掉之後，他們可能會回到自己的家庭裡面。有了自己的家庭，不代表他們不認同原生家

庭，這是一個家庭發展階段，不代表這個家庭就在這個階段崩解，而是讓他們**走向「更以自己建立的家庭為主」的獨立階段**。

另一種狀況，子女可能還沒有成家，在父母離開後，便獨自生活，也沒和其他手足有太多互動。看似與原生家庭的連結就要終止了，可是家庭經過重大事件之後，會在這樣的事件中慢慢地回歸到一個整合層面，也許不是那麼緊密，可是你會發現，大家對於這個家還是有一定的認同，雖然互動頻率與形式有所改變，但家人還是繼續在這個家庭裡面。一旦這位獨自生活的人有什麼突發狀況，家人還是會適時出現。在急診室常遇到獨自被救護車送來就醫的病人，在幫忙協尋家屬的過程中，有不少的例子就是這樣，父母往生後，子女便各自生活，當中可能某位子女是獨自生活，沒有成立家庭。後來年紀大了身體出現狀況被送到醫院，很多手足會在接到醫院通知的電話說：「我們已經很久沒聯絡了……。」但即便如此，手足還是會來探視，甚至接手處理相關的醫療及照護問題。從和他們的互動中，最常聽到這樣的話：我父母走時有交代要好好照顧他、我就他一個弟弟了、再怎麼樣還是家人，不能放著不管呀！這就是家庭中扯不斷的韌性。

/ 安心伴老，照顧中場停看聽 /

家庭韌性的存在

如何看見家庭韌性的轉變呢？試著從一個家庭遭受意外衝擊，子女當時都還是學生，沒有經歷父母老、衰的過程，就要面臨家庭成員的離去，家裡的重擔轉由母親承擔的故事來瞭解這個議題。

◆ 肩上重擔卸下，再一次整理傷痛

有些醫院會為喪親遺族舉辦一些活動，有些透過電話關懷，有些則是舉辦追思感恩會，邀請家屬前來參加。

這個家庭的爸爸發生了意外，媽媽扛起主導的角色與責任，整個家庭裡，媽媽是辛苦的。

媽媽說：「小孩很好，今年要念書考大學啦，上了大學他自己打工，減輕家裡的負擔。」前幾年媽媽要忙著工作，沒辦法來參與，不過等到孩子上了大學，終於可以有時間參與感恩會。當時我覺得很特別，因為她前幾年都沒來，以為她應該不會來參加了，但為什麼過幾年後來參加了？原來是小孩大了，也可以承接一些責任了。

隨著時間流逝，家庭不會一直停格留在事件發生時的崩壞；傷痛會過去，家人也開始在他們各自的生活建

構自己的支持網絡。這個事件便成為家裡的重要歷史，它沒有被遺忘，在特定的時間依舊會被提起。就像案例中的媽媽，當她說：「想來參加。」或許透過這個活動，可以好好的再一次整理自己的傷痛。

　　子女也做了同樣一件事情，那時候年紀還小，他還不懂得喪親的意義，可能只覺得悲傷、震驚的意外事件，可是在這幾年當中，他慢慢懂了一些事情，也願意回來參加，因此，我們才可以見證他們的改變。我們還聽媽媽說：「說不定過幾年小孩結婚了，他們有了下一代……。」可見整個家庭在這個傷痛中復原，家庭成員又繼續開展屬於他們在家庭的生命週期中的任務，又重新開始在新的生活樣貌裡面，這就是一個重生、一個復原，過程中也就是家庭的韌性存在。

愛、連結與復原力

隨著日常晨昏，不管發生了什麼事、做了哪些決定，時間都依然持續往前走。

每天的生活當中，各種挑戰也會迎面而來，關於經濟、情緒、關係等，有些事情需要有人安排處理，少一個人就會缺少一分力量，可是在跟這些家庭成員聊天時，發現這些家庭在失去了親人之後，面對一些遺留下來的問題，家庭成員們會重新的克服它，並且再次站起來。

這些復原的過程，展現了家庭的連結，會發現家庭有著極大的韌性。

在某次的重大意外事件當中，社會新聞報導家屬在交涉賠償金的時候，一名家屬由衷地說：「我那麼多家人喪生，我要的不是一個賠償的數字，而是想要知道怎麼跟這些家人交代，我要的是意義性的東西。」

意外事件當下的處理過程，家庭承受的壓力和張力，就跟蜘蛛網一樣，看似細細小小的線，但是它有很強的連結及韌力，不容易被破壞，即便看似相當稀疏，但是它可以接住從天而降的巨大悲慟，然後經過時間、歲月的演變，又展現出新的面貌。

喘息咖啡館，和你談談心

韌性，意外相關變化上的因應

面對壓力的承接，韌力的另一個部分指的是「面對突如其來的狀況因應」。

生活不是只有單一事件，往往除了這個事件之外，同時還有其它不同的生活壓力存在，比如：當兩老有一老離開，剩下的一老又不願意跟子女同住，家庭這時同時承受著哀傷失落的調適，但又面對照顧上的經濟或人力、能力上的負荷。

子女有可能因此要搬家，或者是要去轉換工作，所以要因應這樣子的變動、改變，不單單只是從失落中復原，而是去因應其他事件的韌性。

復原是在那個事件本身的恢復，可是韌性比較是其他相關的變化上面，繼續去因應的一個過程。

生生不息的愛延續
關於情緒與關係的歸位

　　經過面對長輩逐年老去的擔心、衰弱的照顧以及死亡的掙扎，這些過程中的慌亂，慢慢走入復原，慢慢建構家庭的張力跟韌性，在歸位的過程，回到了日常。

　　這些經歷變成生命的一部分，滋養著我們生命的厚度，因為這些經驗，我們得以承接生命裡面的必然，就是生老病死再一次的循環。

「那些打我不倒的,將使我更堅強!」家庭經歷了一連
串的變化,成員在各自的角色上面轉變了。

事件剛發生時,家人可能覺得:「從此家裡面少了爸爸
的位置。」或「以後我們的心情再沒有媽媽可以和我們分享
了⋯⋯。」可是,慢慢地,隨著時間過去,家中主桌的位置,
會變成大哥坐上去了。

歸位,展現了新的秩序

家庭成員間的心情分享,成為家庭又重新回到平衡的互
動關係,角色重組後的平衡,不會在遇到需要決策時說出:「如
果爸爸今天在,這件事情就會有人可以決定。」而是發現,
即便沒有爸爸,大家也能處理重大的決定。

家庭的要角重新洗牌、歸位,找到一個新的位置,而新
的位置似乎離原本的角色沒有很遠,慢慢地大家也接受新的
角色功能了。

這個「歸位」跟前面講的「復原」與「韌力」是合在一
起的影響,也就是說,如果沒有「復原」與「韌力」的過程,
就不會走到「歸位」。

對於**歸位的概念,指的是家庭又回到一種平衡的狀況,
繼續運作,所以生生不息。**

歸位其實融合了復原跟韌力,像我們常常講的,整個哀
傷的最後一個階段,我有新生活樣貌,它沒有回到原本的家

庭樣貌，反而重新展現了一個新的秩序。

比如說，幾個子女回到各自的家庭，可是他們並沒有因為這樣斷了聯繫，只是更以自己目前的家庭為重。所以那個歸位，其實是在我們自己的生活中找到一個很好的立足點，進而跟原生家庭產生新的連結，看似好像更為獨立，其實彼此之間的連結更深、更扎實了。

安心伴老，照顧中場停看聽

家人緊密分工，連成照護網絡

很多人邁入中年之後，或多或少都開始面對照顧的議題，身邊不乏一些朋友，會談到他們在照顧長輩過程中的經驗。

很常聽到的情況是，老人家住在南部老家與某位子女同住，但其他子女的生活重心多在北部，一旦父母生病後，子女間為了分工，會分別排時間，以輪流的方式回去照顧老人家。於是，原本假日與家人相處的時間，變成要趕回南部當一位照顧者。有時，是老人家北上就醫，這時凡是醫療資訊或決策都由北部子女協助。

在這段照顧的期間，家人彼此有著不同的角色分

工，形成一種家庭內的照護網絡，各自調整自己的生活來因應這樣的照顧需求。可能原本喜愛的才藝課因此中斷了，也可能固定週末爬山的習慣也要改變，甚至要承接起手足間照顧訊息的聯絡人，或父母醫療決策者。

過程中，大家都有著大小不一的生活變動，也都有各自要去處理的壓力調適，直到父母離世後，大家才慢慢地從照顧的位置退下，又重新歸位，回到原本自己的生活圈，帶著更豐厚的生命體驗，重新接續自己的人生。

無效的醫療，最後是病人受苦

每個家庭都有自己的故事，那個故事常常是從口中得知。

「當年你阿公在的時候……。」、「當年阿嬤怎麼樣怎麼樣……。」、「當年爸爸……。」不論是豐功偉業也好，或是在長輩老衰死的階段，曾經碰過什麼事情也好，都是一個個故事。

所有的經驗在一代又一代地累積與傳承，然後修正。

大家會說：「當時阿公就是怎樣……所以現在爸爸這樣的時候，我們不要再讓他也受一樣的苦。」在面對老衰死的

決擇時，越來越多人會選擇安寧療護，拒絕無效醫療。

　　安寧療護在許多單位多年的推廣下，近幾年民眾的觀念越來越可以接受，聽到很多人的分享，早年都是在家裡善終，最早的時候，因為醫療不發達，後來醫療發達了，大家都是在醫院急救到最後，可是大家看到很多時候的急救措施，其實病人都已經是在生命末期，死亡已不可避免了，這時再選擇急救想挽回生命，延長的只是瀕死的過程，而一切救治也都趨於無效的醫療，最後只是讓病人徒然受苦罷了。長輩插了管子、做了氣切，接了呼吸器，只是讓他沒有生活品質的活著而已。

　　「我阿祖的年代是很自然的家裡面過世，後來我們的醫療發達、加上健保，就出現了不同的臨終經驗，到我阿公的年代，能救盡量救，結果最後延長的是死亡的過程。」**安寧療護的推廣，喚起大家過往親友臨終的記憶，教導善終這件事。**

　　另外一個部分，就是大家將從某一些過度醫療的實例當中，去感受、去看見，也見證了**所謂「無效醫療」的堅持，傷害了病人，也傷害了家屬，更導致醫療資源的浪費。**

　　當家族中再次面對類似的狀況時，這些會被拿來再次檢視，家屬的決策會因為之前的經驗傳承，而比較清楚、明快的知道，應該在什麼時候學會放手。

在歸位的過程，回到了日常

當家裡面的事件一旦發生過，它不會就消失，將成為家中的一個故事、一個提醒，或是光榮標章，這就是所謂的「傳唱」。

比如說，離世的人簽了器官捐贈，遺愛人間，都會成為一種「屬於我們家愛的故事」。

每個家族都有每個家族的故事，然後，當家庭成員再度聚在一起的時候，除了在講新的下一代有什麼豐功偉業之外，偶爾會在特定日子，像是在清明節的時候，也會提及：「那時爸爸怎樣、媽媽怎樣……。」然後包著春捲的時候，會想起「今年怎麼沒做什麼東西？之前媽媽都會準備！」、「我們家的傳統，什麼活動一定要有什麼……。」諸如此類的語句，當他們再次被提起時，就是一種連結了。

當這些故事能被「傳唱」的時候，通常大家多半已經回到生活的事件、生活的日常裡面了。所以，當我們經歷了長輩逐年老去的擔心、衰弱的照顧，以及死亡的掙扎，這些歷程中的慌亂，最後慢慢走入復原階段，逐漸建構出家庭的張力跟韌性，於是在歸位的過程，回到了日常。

這些經歷變成生命的一部分，滋養著我們生命的厚度，因為這些經驗，我們得以**承接生命裡面的必然，就是生老病死的再一次循環**。

傳唱：傳承愛的故事

現在很多人在講善終都是講個人，講自己怎麼克服悲傷、怎麼面對死亡，準備善終，都是在講自己、個人，可是整個社會其實是跟著家庭在運作。

年輕世代因唸書或工作，離開了原生家庭，成為所謂「漂移族」。在台灣，許多年輕人面臨北漂或南漂的決定，這些漂移族對於家庭仍然有著深切的渴望。

雖然住在都會區、散落各處的家庭成員，某些力量可能被稀釋了，可是家庭的力量仍然有其強大的一面。光看過年過節的返鄉人潮便可看見「家」對大家的重要。

華人文化其實跟著家庭在步步前進著，大家的腳步不見得一致、哀傷程度不見得一樣，同一個家庭裡的成員也會有不同的調適節奏，可是你會發現，整個家庭一起因應「當父母老後」這件事情。

面對長輩老衰死的情緒困頓，也是整個家庭結構一起面對的故事，同時也是展現家庭復原韌力的契機。

喘息咖啡館，和你談談心

面對老衰死，不再一個人承擔

面對長輩的老衰死這件事情，家庭會跟著我們一起走過這個歷程。

我們講家庭的議題，也讓大家看到，面對長輩的老衰死，不是最後變成一個人的重擔，變成哀傷只是我一個人的承擔、一個人的歷程，它將會是整個家庭成員一起面對的故事。

國家圖書館出版品預行編目 (CIP) 資料

當父母老後……，兒女面臨高齡長輩老、衰、
病、死的情緒困頓與出口/ 蔡惠芳作. -- 第一版.
-- 臺北市：博思智庫，民 108.08　面；公分

ISBN 978-986-97085-9-3(平裝)

1. 老人養護 2. 居家照護服務 3. 照顧者

544.85　　　　　　　　　108011337

美好生活　30

當父母老後……

兒女面臨高齡長輩老、衰、病、死的情緒困頓與出口

作　　者｜蔡惠芳
主　　編｜吳翔逸
執行編輯｜陳映羽
資料協力｜李海榕
美術主任｜蔡雅芬
美編協力｜黃逸飛

發 行 人｜黃輝煌
社　　長｜蕭艷秋
財務顧問｜蕭聰傑
出 版 者｜博思智庫股份有限公司
地　　址｜104 台北市中山區松江路 206 號 14 樓之 4
電　　話｜(02) 25623277
傳　　真｜(02) 25632892

總 代 理｜聯合發行股份有限公司
電　　話｜(02)29178022
傳　　真｜(02)29156275

印　　製｜永光彩色印刷股份有限公司
定　　價｜300 元
第一版第一刷　2019 年 08 月

ISBN 978-986-97085-9-3
© 2019 Broad Think Tank Print in Taiwan

博思智庫股份有限公司

博思智庫粉絲團　Facebook.com/broadthinktank